汽车保险业统计分析及研究

赵长利 李方媛 吕鹏伟 著

人民交通出版社股份有限公司
北京

内 容 提 要

本书以我国汽车保险现状分析和发展态势预测为对象，以行业、保险公司和汽车保险投保客户为主体，以相关数据挖掘为主线，汇集了汽车保险团队多年教学、研究、实践、校企合作等方面的心得体会，主要介绍了汽车保险业发展概述、汽车保险业整体发展趋势研究、汽车保险业区域不平衡性研究、汽车保险保费收入月度指标预测研究、汽车保险需求建模研究、汽车保险居民保险意识研究、汽车保险事故损失统计分布研究七个方面的内容。

本书可作为行业主管部门全局规划设计、保险公司经营管理、相关科研人员的参考用书，也可作为行业从业人员入门培训和自学用书。

图书在版编目(CIP)数据

汽车保险业统计分析及研究/赵长利，李方媛，吕鹏伟著. —北京：人民交通出版社股份有限公司，2023.1

ISBN 978-7-114-18185-6

Ⅰ.①汽… Ⅱ.①赵… ②李… ③吕… Ⅲ.①汽车保险—保险业—统计分析—研究—中国 Ⅳ.①F842.65

中国版本图书馆 CIP 数据核字(2022)第 161180 号

Qiche Baoxianye Tongji Fenxi Ji Yanjiu

书　　名：	汽车保险业统计分析及研究
著 作 者：	赵长利　李方媛　吕鹏伟
责任编辑：	李佳蔚
责任校对：	孙国靖　宋佳时
责任印制：	张　凯
出版发行：	人民交通出版社股份有限公司
地　　址：	(100011)北京市朝阳区安定门外外馆斜街3号
网　　址：	http://www.ccpcl.com.cn
销售电话：	(010)59757973
总 经 销：	人民交通出版社股份有限公司发行部
经　　销：	各地新华书店
印　　刷：	北京虎彩文化传播有限公司
开　　本：	787×1092　1/16
印　　张：	10.5
字　　数：	240 千
版　　次：	2023 年 1 月　第 1 版
印　　次：	2023 年 7 月　第 2 次印刷
书　　号：	ISBN 978-7-114-18185-6
定　　价：	60.00 元

(有印刷、装订质量问题的图书，由本公司负责调换)

前言

2020年，我国实现原保费收入45257.34亿元，同比增长6.12%，保险业在现代产业布局中的地位和作用十分突出。从保险渗透率来看，我国的保险市场无论是保险深度还是保险密度都非常有潜力。2020年，我国保费收入占GDP的比例为4.47%，人均保费为3205.69元，在全球的排名分别为第35位和第42位。2020年，我国内地的非寿险业(含车险)保费收入规模在全球排名第2位，而其保险密度指标排名第49位、保险深度指标排名第31位。

作为财产保险的支柱险种，汽车保险近15年的保费贡献率基本维持在70%左右。汽车保有量的迅猛增加和居民风险意识的提高助力汽车保险市场的发展。2011—2020年，经历了2014年、2020年两次汽车保险综合改革、多次费率改革、相关法律法规的更新优化和科技应用的日渐深入，汽车保险市场产品体系、条例体例、费率计算方法发生了翻天覆地的变化。即便如此，2011—2020年，伴随着我国汽车保有量的1.65倍增长，汽车保险保费收入增长了1.35倍，保险深度指标增长了0.13倍，保险密度指标增长了1.25倍。但是，汽车保险赔付率却维持在50%左右，一直居高不下。特别是2020年9月19日的"车险综合改革"后，全国车均保费、手续费率呈现明显的双降趋势，商业第三者责任险的平均保额、商车险投保率呈现明显的双升趋势，与银保监会宏观调控的"降价、增保、提质"阶段性目标有紧密关系。与此同时，汽车保险赔付率呈现短期上升趋势，各大保险公司纷纷将焦点瞄准在车险理赔降本增效的方法和举措上。

在上述行业背景下，为揭示我国汽车保险的时空分布规律、投保行为和损失赔付规律，摸清我国汽车保险市场的发展方向，作者基于国家和行业最新法律规范，从宏观与微观结合、现状与态势分析、整体与局部对比、业务前端与后端并存、供给侧和需求侧双向融合等不同层次，充分收集汽车保险行业的时序与平面数据，并参考相关资料撰写了本书。

具体而言，本书在中外汽车保险发展历程对比、我国汽车保险特点论证、市场主客体以及从业人员变动分析的基础上，从汽车保险的发展水平评价指标、经营指标、事故损失程度指标、人伤赔偿指标4个方面，共选取16个指标，并利用灰色GM(1,1)、灰色马尔科夫等预测模型，预测我国汽车保险业发展趋势。鉴于国民经济的区域不平衡性，运用汽车保费收入、汽车保险密度和汽车保险深度3个指标对我国31个省/自治区/直辖市的汽车保险区域不平衡进行静态分析，并分别通过年平均增长率、市场集中度、系统聚类分析、综合指数评价法完成汽车保险区域不平衡的动态分析,确定我国各省域间的差异。与此同时,为衡量汽车保险业务量的周期性规律,以某省 15 地市在 2019—2021 年的汽车保险业保费收入为研究对象,通过季节指数修正汽车保险保费收入趋势预测值,进而得到 2022 年汽车保险保费收入月度的最终预测值。

考虑经济因素、交通因素、风险因素、社会政策因素等外部因素,和投保人的认知和行为等内部因素都会影响汽车保险的需求量,且影响关系会随着市场的复杂变化而变化,本书运用逐步回归法在影响汽车保险需求的外部因素中甄别显著因素及影响程度,与此同时,基于汽车保险认知、汽车风险意识、汽车保险态度和汽车保险行为 4 个方面,设计我国居民汽车保险意识区域调查问卷,运用 SPSS 软件对问卷调查数据进行描述统计、信度分析,并对不同区域、同一时间和同一区域、不同时间的居民投保意识进行深入挖掘。

为揭示汽车保险事故车辆损失、人伤损失和财产损失的发生规律,以某保险公司的大样本数据为基础,分别计算样本均值、样本方差、偏度、峰度、样本中位数及任意分位数、众数和累积频率。针对样本数据的分布特性,构建对数正态分布、伽马分布、对数伽马分布、威布尔分布和佩尔托分布的线性回归模型,并运用一种性能优良的最小二乘估计——相关系数检验方法给出分布参数的最小二乘估计值,以及线性回归模型相关系数,进行拟合优劣检验,最终确定汽车保险事故车辆损失、人伤损失和财产损失的最优拟合分布,进而准确描述概率分布与损失额之间的关系。

本书由山东交通学院汽车保险团队成员赵长利、李方媛、吕鹏伟共同撰写。其中,第 1 章、第 4 章、第 8 章由赵长利撰写,第 3 章、第 5 章、第 7 章由李方媛撰写,第 2 章、第 6 章由吕鹏伟撰写。全书由赵长利统稿。此外,王召强、王闯、侯凯 3 位硕士研究生进行了部分素材的搜集与整理工作。

本书得到人保财险、平安产险、中华联合、紫金产险、泰山财险、安盛天平等多家财产保险股份有限公司工作人员的专业建议和数据支持,并参阅了大量相关图书和文献,在此向相关公司的工作人员和相关文献的作者表示衷心感谢。

鉴于作者水平有限,书中难免存在错误和疏漏,恳请广大读者批评指正,以便今后改进和完善。

著　者
2022 年 6 月

目录

第1章 汽车保险业发展概述 ... 1
- 1.1 汽车保险概念分析 ... 1
- 1.2 我国汽车保险发展简史 ... 4
- 1.3 我国汽车保险业特点分析 ... 6
- 1.4 我国汽车保险市场分析 ... 17

第2章 汽车保险业整体发展趋势研究 ... 31
- 2.1 汽车保险业常用统计指标 ... 31
- 2.2 基于灰色模型的我国汽车保险业发展趋势预测 ... 41

第3章 汽车保险业区域不平衡性研究 ... 68
- 3.1 区域不平衡的静态分析 ... 68
- 3.2 区域不平衡的动态分析 ... 72
- 3.3 区域不平衡的市场集中度分析 ... 75
- 3.4 区域不平衡的聚类统计分析 ... 78
- 3.5 区域不平衡的综合指数评价分析 ... 80

第4章 汽车保险保费收入月度指标预测研究 ... 84
- 4.1 季节调整模型 ... 84
- 4.2 汽车保险保费收入月度指标预测 ... 88

第5章 汽车保险需求建模研究 ... 96
- 5.1 我国汽车保险需求影响因素分析 ... 96
- 5.2 我国汽车保险需求建模研究 ... 99

第6章 汽车保险居民保险意识研究 ... 105
- 6.1 居民保险意识的区域调查 ... 105
- 6.2 不同区域同一时间居民保险意识分析 ... 118
- 6.3 同一区域不同时间居民保险意识分析 ... 129

第7章　汽车保险事故损失统计分布研究 ………………………………… 133
　　7.1　损失分布模型相关理论 ……………………………………… 133
　　7.2　汽车保险事故损失分布模型的构建 ………………………… 138

第8章　总结 ……………………………………………………………… 157

参考文献 ………………………………………………………………… 160

第1章
汽车保险业发展概述

  汽车保险隶属财产保险范畴,是汽车产业与保险业结合而产生的一门交叉学科,其发展与汽车产业的发展息息相关,更受保险业大环境的影响。

  汽车产业是我国的支柱产业。2021年我国汽车产量达到了2653万辆;截至2021年底,我国汽车保有量达到3.02亿辆,汽车驾驶人达到4.44亿人。与2000年相比,汽车年产量增加2452万辆,汽车保有量增加2.86亿辆。当前,作为一种交通工具,汽车得到了快速普及,已成为人们生活的一部分,也渗透到了社会的方方面面。

  保险业是现代经济的重要产业,是社会文明水平、经济发达程度与社会治理能力的重要标志。2021年我国保险业保费收入达到4.5万亿元,人均保费达到3178元,保费收入占GDP比例约3.96%。与2000年相比,保费收入增加4.3万亿元,人均保费增加3052元,占GDP的比例提高2.35%。可见,我国保险普及程度和人们风险管理意识均显著提高。

  在整个保险行业快速发展的大背景下,随着汽车产业的迅猛发展,我国汽车保险业呈现出突飞猛进的发展态势,其保费收入于2021年底达到7773亿元,为2000年的21倍。作为各财产保险公司的支柱险种,汽车保险保费收入占财产保险总保费的60%以上,所以,汽车保险经营直接关系到整个财产保险业的经济效益,受到各家保险公司的重视。同时,汽车保险与百姓生活息息相关,投保和索赔已成为大家非常关注的热点话题,所以,汽车保险也受到广大百姓的重视。

1.1 汽车保险概念分析

  汽车保险是指对汽车由于自然灾害或意外事故所造成的人身伤亡或财产损失负赔偿责任的一种商业保险。

1.1.1 汽车保险的隶属范畴

  汽车保险隶属于广义的财产保险范畴。按标的不同,保险可分为财产保险和人身保险,具体如图1-1所示。

  图1-1中,财产保险是指以财产及其相关利益为保险标的,由保险人对保险标的可能遭受的意外损失负赔偿责任的一种保险。此处的财产是一种广义的财产,既包括一些有形财产,又包括一些无形财产(如责任、信用等)。而财产损失保险中的财产是狭义的财产,即有形财产。因此,人们有时将财产损失保险称为狭义的财产保险,将财产保险称为广义的财产保险。

  汽车保险以汽车为保险标的,其保障范围包括汽车本身因自然灾害或意外事故导致的

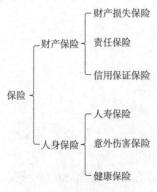

图 1-1 保险按保险标的分类

损失,及汽车所有人或其允许的合格驾驶人因使用汽车而发生意外事故所负的赔偿责任。保障汽车损失风险的保险险种属于损失类保险,可归为财产损失保险范畴。保障汽车使用责任风险的保险险种属于责任类保险,可归为责任保险范畴。因此,汽车保险既属于财产损失保险范畴,又属于责任保险范畴,为广义的财产保险范畴。

1.1.2 汽车保险的保障风险

汽车保险的保障风险是自然灾害和意外事故。

自然灾害是指人类所依赖的自然界中所发生的异常现象,且对人类社会造成了危害的现象和事件。汽车保险保障的常见自然灾害有:雷击、暴风、暴雨、洪水、龙卷风、冰雹、台风、热带风暴、地陷、崖崩、滑坡、泥石流、雪崩、冰陷、暴雪、冰凌、沙尘暴等。

意外事故是指发生在人们的生产活动、生活活动中,由于行为人不能抗拒、不能预见的原因或者过失行为而引起损害结果的意外事件。汽车保险保障的常见意外事故有:碰撞、倾覆、坠落、火灾、爆炸、外界物体坠落、倒塌、盗窃、抢劫等。

1.1.3 汽车保险中的汽车含义

汽车保险中的汽车是广义的汽车,泛指机动车,是指以动力装置驱动或者牵引、在路面行驶的供人员乘用、运送物品,以及进行工程专项作业的轮式车辆(含挂车)、履带式车辆和其他运载工具,包括乘用车、货车、特种车、摩托车、拖拉机等。近年来,我国新能源汽车快速发展,保险行业积极应对,推出了新能源汽车保险相关产品,因此汽车保险中的"汽车"还包括新能源汽车。

(1)乘用车。

乘用车分为家庭自用乘用车、非营业乘用车、营业乘用车。

家庭自用乘用车是指家庭或个人所有,且用途为非营业性的乘用车。

非营业乘用车是指党政机关、企事业单位、社会团体、使领馆等机构从事公务或在生产经营活动中不以直接或间接方式收取运费或租金的乘用车,包括党政机关、企事业单位、社会团体、使领馆等机构为从事公务或在生产经营活动中承租且租赁期限大于等于 1 年的乘用车。非营业乘用车分为:党政机关、事业团体乘用车、企业乘用车。保险中,用于邮递业务或快递业务的乘用车、警车、普通囚车、医院的普通救护车、殡葬车可归为企业非营业乘用车。

营业乘用车是指用于旅客运输或租赁,并以直接或间接方式收取运费或租金的乘用车。营业乘用车分为:城市公交乘用车、公路客运乘用车、出租乘用车、租赁乘用车。保险中,旅游用乘用车可归为公路用乘用车。

(2)货车。

货车包括载货机动车、厢式货车、半挂牵引车、自卸车、蓄电池运输车、装有起重机械但以载重为主的起重运输车。货车分为非营业货车、营业货车。

非营业货车是指党政机关、企事业单位、社会团体自用或仅用于个人及家庭生活,不以直接或间接方式收取运费或租金的货车(包括客货两用车)。保险中,用于邮递业务、快递业务的货车可归为非营业货车。

营业货车是指用于货物运输或租赁,并以直接或间接方式收取运费或租金的货车(包括客货两用车)。

(3)特种车。

特种车包括用于装载各类油料、气体、液体等的专用罐车;用于清障、清扫、清洁、起重、装卸(不含自卸车)、升降、搅拌、挖掘、推土、压路等的各种专用机动车;装有冷冻或加温设备的厢式机动车;装有固定专用仪器设备,从事专业工作的监测、消防、运钞、医疗、电视转播、雷达、X光检查等的机动车;或专门用于牵引集装箱箱体(货柜)的集装箱拖头。

(4)摩托车。

摩托车是指以燃料或蓄电池为动力的各种两轮、三轮摩托车。摩托车分为以下几类:50CC 及以下、50~250CC、250CC 以上及侧三轮。

(5)拖拉机。

拖拉机按其使用性质分为兼用型拖拉机和运输型拖拉机。

兼用型拖拉机是指以田间作业为主,通过铰接连接牵引挂车以进行运输作业的拖拉机。兼用型拖拉机分为 14.7kW 及以下和 14.7kW 以上两种。

运输型拖拉机是指货箱与底盘一体,不需要通过牵引挂车便可实现运输作业的拖拉机。运输型拖拉机分为 14.7kW 及以下和 14.7kW 以上两种。

(6)挂车。

挂车是指需要机动车牵引来正常使用的一种无动力道路机动车。

(7)新能源汽车。

新能源汽车是指采用新型动力系统,完全或主要依靠新型能源驱动,供人员乘用、运送物品以及进行专项作业的轮式车辆、履带式车辆和其他运载工具,主要包括:纯电动汽车、增程式电动汽车、燃料电池电动汽车等。图1-2 所示为 2016—2021 年我国新能源汽车及纯电动汽车保有量统计。

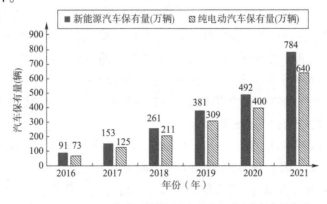

图 1-2　2016—2021 年我国新能源汽车及纯电动汽车保有量统计

1.1.4 汽车保险的保险性质

保险按性质分为商业保险和社会保险，二者的区别见表1-1。汽车保险的性质是商业保险。

商业保险与社会保险的区别比较　　　　表1-1

比较的方面	商业保险	社会保险
保险目的	商业保险是一种经营行为，以追求利润为目的，由专门的保险企业经营，独立核算、自主经营、自负盈亏	社会保险是国家社会保障制度的一种，目的是为公民提供基本的生活保障，以国家财政支持为后盾
约束程度	商业保险依照平等自愿的原则，是否建立保险关系完全由投保人自主决定（说明：特殊情形除外，如交强险）	社会保险具有强制性，凡是符合法定条件的公民或劳动者，其缴纳的保险费用、受到的保障程度等，都是由国家直接规定的
保障范围	商业保险的保障范围由投保人、被保险人与保险公司协商确定，为"多投多保、少投少保"	社会保险的保障范围一般由国家事先规定，风险保障范围比较窄，保障水平也比较低。以保障劳动者的基本生活需要为标准
管理制度	商业保险是自主经营的、相对独立的经济实体，属于金融体制	社会保险由中央或地方政府集中领导，专业机构组织管理，属于行政领导体制

1.2　我国汽车保险发展简史

我国汽车保险业务的发展经历了一个曲折的历程。

汽车保险进入我国是在鸦片战争以后，当时由于我国保险市场处于外国保险公司的垄断与控制之下，加之工业不发达，我国的汽车保险实质上处于萌芽状态，其作用与地位十分有限。

1949年10月1日，中国人民保险公司成立，其开始开办汽车保险，但不久后出现了争议，有观点认为汽车保险以及第三者责任保险对于肇事者予以经济补偿，会导致交通事故的增加，对社会产生负面影响，于是中国人民保险公司1955年停办了汽车保险。

20世纪70年代，各国纷纷与我国建立友好关系，为满足各国驻华使领馆汽车的保险需要，20世纪70年代中期，我国开始办理以涉外业务为主的汽车保险业务。

1980年，我国全面恢复国内保险业务，汽车保险也随之恢复。

1983年11月，我国将汽车保险更名为机动车辆保险，使其具有了更广泛的适用性。

1985年，我国首次制订车险条款。

2000年，中国银行保险监督管理委员会颁布《机动车辆保险条款》，称之为"统颁条款"，主险有车辆损失险、第三者责任险，附加险有9个险种。

2003年，为适应保险市场化，要求各保险公司制订自己的条款，报中国银行保险监督管理委员会备案，称之为"个性化条款"，主险中对车辆损失险按车型细分为机动车、摩托车、拖拉机、特种车,附加险数量大大增加。

2004年5月1日实施的《道路交通安全法》在法律上明确了我国实施强制汽车责任保险,该法第十七条规定,国家实行机动车辆第三者责任强制保险制度,设立道路交通事故社会救助基金。但是,《道路交通安全法》只是做了一个原则性的规定,即确定实施交强险,但实施的方法和相关配套规定未同时推出。

2006年3月21日,国务院总理温家宝签署了第462号国务院令颁布了《机动车交通事故责任强制保险条例》,自2006年7月1日起施行。该条例的公布使我国汽车保险发展进程中迈出一大步,标志着我国正式施行了交强险。2006年,推出的交强险条款,其责任限额6万元。同时推出商业险的A、B、C三套主险条款,主要是规范了车辆损失险和第三者责任险2个主险。

2007年,保险行业协会又重新对商业险的A、B、C三套条款进行修正和补充,规范的险种增加到8个,包括4个主险、4个附加险,分别是:车辆损失险、第三者责任险、车上人员责任险、盗抢险、玻璃单独破碎险、车身划痕损失险、可选免赔额特约条款、不计免赔率特约条款。

2008年,保险行业协会对交强险责任限额进行了调整,责任限额变为12.2万元。

2012年,中国保险行业协会(以下简称保险业协会)公布了《中国保险行业协会机动车商业保险示范条款》(以下简称《商业车险示范条款》),后经修订,形成了《机动车商业保险示范条款(2014版)》,形成了4类条款:机动车综合商业保险示范条款;机动车单程提车保险示范条款;摩托车、拖拉机综合商业保险示范条款;特种车综合商业保险示范条款。其中,主险险种有车辆损失险、第三者责任险、车上人员责任险、全车盗抢险等,附加险险种有玻璃单独破碎险、自燃损失险、新增设备损失险、车身划痕损失险、发动机涉水损失险、修理期间费用补偿险、车上货物责任险、精神损害抚慰金责任险、不计免赔率险、机动车损失保险无法找到第三方特约险、指定修理厂险等。

2015年,中国保监会发布了《深化商业车险条款费率管理制度改革试点工作方案》,确定自2015年6月1日起,黑龙江、山东、青岛、广西、陕西、重庆六个省/市/自治区为商业车险改革试点地区。2016年1月1日起,启动商业车险改革第二批试点工作,包括天津、内蒙古、吉林、安徽、河南、湖北、湖南、广东、四川、青海、宁夏、新疆12个省/市/自治区,使试点区域扩大到18个。2016年7月1日起,第三批试点开启,商车费改全面推行,北京、河北、山西、辽宁、上海、江苏、浙江、福建、江西、海南、贵州、云南、西藏、甘肃、深圳、大连、宁波、厦门18个省/市/自治区有序推进商业车险改革工作。试点地区经营商业车险业务的财产保险公司不仅可以选择使用商业车险行业示范条款或自主开发商业车险创新型条款,也可以同时使用示范条款和创新型条款。

2020年,银保监会对交强险责任限额进行了调整,责任限额变为20万元;保险业协会公布了《中国保险行业协会机动车商业保险示范条款(2020版)》,主险险种有车辆损失险、第三者责任险、车上人员责任险、驾乘人员意外伤害保险等,附加险险种有绝对免赔率特约条款、车轮单独损失险、新增加设备损失险、车身划痕损失险、修理期间费用补偿险、发动机进水损坏除外特约条款、车上货物责任险、精神损害抚慰金责任险、法定节假日限额翻倍险、医保外医疗费用责任险、机动车增值服务特约条款、住院津贴保险、医保外医疗费用补偿险等。本次调整使保险产品的保障范围大大拓宽。

2021年,保险行业协会公布了《新能源汽车商业保险专属条款(试行)》,主险险种有:新能源汽车损失保险、新能源汽车第三者责任保险、新能源汽车车上人员责任保险、新能源汽车驾乘人员意外伤害保险等,附加险险种有:外部电网故障损失险、自用充电桩损失保险、自用充电桩责任保险、绝对免赔率特约条款、车轮单独损失险、新增加设备损失险、车身划痕损失险、修理期间费用补偿险、车上货物责任险、精神损害抚慰金责任险、法定节假日限额翻倍险、医保外医疗费用责任险、新能源汽车增值服务特约条款、住院津贴保险、医保外医疗费用补偿险等。

1.3 我国汽车保险业特点分析

1.3.1 汽车保险业务地位突出

1.3.1.1 汽车保险是我国财产保险第一大险种

1987年,我国汽车保险业务保费收入超过了20亿元,在财产保险保费收入的占比达到37.6%,第一次超过了企业财产保险(35.99%),从此以后,汽车保险一直是财产保险的第一大险种。

1.3.1.2 汽车保险占财产保险比例达60%以上

2000—2020年我国保险业、财产保险业、汽车保险业保费收入及其占比见表1-2。多年来,财产保险业保费收入占保险业保费收入比重在30%左右,最高时达到38.05%,最低时为22.40%,2021年的占比均值为30.32%;而汽车保险业保费收入占财产保险业保费收入比重均超过60%,最高时达到74.60%,最低时为60.51%,21年的占比均值达到68.43%。可见,虽然财产保险业务在整个保险业务中占比偏低,但汽车保险业务在财产保险业务中的地位非常突出。

2000—2020年我国保险业、财产保险业、汽车保险业保费收入及其占比　　表1-2

年份（年）	保险业保费收入（亿元）	财产保险业		汽车保险业	
		保费收入（亿元）	保费收入占保险业比重（%）	保费收入（亿元）	保费收入占财产保险业比重（%）
2000	1598	608	38.05	373	61.35
2001	2109	685	32.48	422	61.61
2002	3054	780	25.54	472	60.51
2003	3880	869	22.40	540	62.14
2004	4318	1125	26.05	745	66.22
2005	4927	1281	26.00	858	66.98
2006	5641	1580	28.01	1108	70.13

续上表

年份（年）	保险业保费收入（亿元）	财产保险业		汽车保险业	
		保费收入（亿元）	保费收入占保险业比重（%）	保费收入（亿元）	保费收入占财产保险业比重（%）
2007	7036	2086	29.65	1484	71.14
2008	9784	2446	25.00	1703	69.62
2009	11137	2993	26.87	2156	72.03
2010	14528	4027	27.72	3004	74.60
2011	14339	4779	33.33	3505	73.34
2012	15488	5530	35.71	4005	72.42
2013	17222	6481	37.63	4721	72.84
2014	20235	7544	37.28	5516	73.12
2015	24283	8423	34.69	6199	73.60
2016	30904	9266	29.98	6834	73.75
2017	36581	10541	28.82	7521	71.35
2018	38017	11756	30.92	7834	66.64
2019	42645	13016	30.52	8188	62.91
2020	45257	13584	30.02	8245	60.70

注：数据根据国家统计局网站整理。

1.3.1.3 各家财险公司重视汽车保险业务

随着我国汽车工业的迅猛发展和人民生活水平的逐步提高，汽车保有量呈逐年增长趋势，且上升速度较快，这对保险公司来说，汽车保险是业务来源相对稳定且快速扩大的业务，所以各家财产保险公司非常重视汽车保险业务。2020年我国共有84家财险公司，其中有65家公司开展了车险业务（表1-3），仅有19家公司没有开展车险业务（表1-4）；65家开展车险业务的公司中，各公司车险业务份额占比如图1-3所示，人保财险的市场份额约占1/3（为32.68%），平安产险和太保产险的市场份额之和约占1/3（为35.89%），其他62家公司的市场份额之和约占1/3（为31.43%）。

2020年经营车险业务的财产保险公司及车险保费收入统计分析 表1-3

序号	公司名称		2020年车险保费收入			
	全称	简称	车险保费收入（亿元）	占公司保费收入比例（%）	占车险市场份额（%）	车险市场份额排名
1	中国人民财产保险股份有限公司	人保财险	2656.51	61.49	32.6755	1
2	中国平安财产保险股份有限公司	平安产险	1961.51	68.62	24.1270	2
3	中国太平洋财产保险股份有限公司	太保产险	956.70	65.21	11.7676	3
4	中国人寿财产保险股份有限公司	国寿财险	614.34	71.15	7.5565	4
5	中华联合财产保险股份有限公司	中华财险	280.09	53.13	3.4452	5

续上表

序号	公司名称		2020年车险保费收入			
	全称	简称	车险保费收入(亿元)	占公司保费收入比例(%)	占车险市场份额(%)	车险市场份额排名
6	中国大地财产保险股份有限公司	大地财险	269.58	56.45	3.3159	6
7	阳光财产保险股份有限公司	阳光财险	241.03	64.67	2.9647	7
8	太平财产保险有限公司	太平财险	195.59	69.56	2.4058	8
9	华安财产保险股份有限公司	华安保险	106.32	71.87	1.3078	9
10	永安财产保险股份有限公司	永安保险	66.72	63.25	0.8206	10
11	安盛天平财产保险股份有限公司	安盛天平	52.74	71.10	0.6487	11
12	紫金财产保险股份有限公司	紫金财险	50.22	65.58	0.6177	12
13	大家财产保险责任有限公司	大家财险	49.16	82.50	0.6046	13
14	华泰财产保险有限公司	华泰财险	38.33	52.25	0.4715	14
15	国任财产保险股份有限公司	国任财险	35.13	56.42	0.4321	15
16	亚太财产保险有限公司	亚太财险	33.12	67.59	0.4074	16
17	英大泰和财产保险股份有限公司	英大财险	31.90	35.07	0.3924	17
18	都邦财产保险股份有限公司	都邦财险	30.49	80.53	0.3750	18
19	渤海财产保险股份有限公司	渤海财险	28.20	87.75	0.3469	19
20	长安责任保险股份有限公司	长安责任	26.91	78.99	0.3311	20
21	永诚财产保险股份有限公司	永诚财险	25.72	34.86	0.3164	21
22	安诚财产保险股份有限公司	安诚财险	24.99	67.15	0.3074	22
23	浙商财产保险股份有限公司	浙商财险	22.22	71.32	0.2733	23
24	安华农业保险股份有限公司	安华农险	22.15	40.05	0.2725	24
25	鼎和财产保险股份有限公司	鼎和财险	21.88	45.94	0.2691	25
26	华海财产保险股份有限公司	华海财险	18.78	92.80	0.2310	26
27	北部湾财产保险股份有限公司	北部湾财险	18.56	51.45	0.2283	27
28	泰山财产保险股份有限公司	泰山财险	16.92	73.57	0.2081	28
29	华农财产保险股份有限公司	华农财险	16.76	70.35	0.2062	29
30	众诚汽车保险有限公司	众诚车险	16.67	82.81	0.2050	30
31	利宝保险有限公司	利宝保险	16.20	68.45	0.1993	31
32	富德财产保险股份有限公司	富德产险	15.97	51.67	0.1964	32
33	中银保险有限公司	中银保险	14.12	27.10	0.1737	33
34	泰康在线财产保险股份有限公司	泰康在线	13.91	14.84	0.1711	34
35	众安在线财产保险股份有限公司	众安在线	13.28	7.95	0.1634	35
36	诚泰财产保险股份有限公司	诚泰财险	12.73	69.44	0.1566	36
37	中煤财产保险股份有限公司	中煤财险	12.13	64.33	0.1492	37
38	锦泰财产保险股份有限公司	锦泰财险	10.49	45.41	0.1291	38
39	国元农业保险股份有限公司	国元农险	9.77	14.42	0.1202	39

续上表

序号	公司名称		2020年车险保费收入			
	全称	简称	车险保费收入(亿元)	占公司保费收入比例(%)	占车险市场份额(%)	车险市场份额排名
40	恒邦财产保险股份有限公司	恒邦财险	9.71	80.86	0.1194	40
41	燕赵财产保险股份有限公司	燕赵财险	7.59	67.47	0.0933	41
42	新疆前海联合财产保险股份有限公司	前海财险	6.31	41.05	0.0776	42
43	中路财产保险股份有限公司	中路财险	5.77	57.99	0.0710	43
44	中航安盟财产保险有限公司	中航安盟	5.51	23.89	0.0678	44
45	长江财产保险股份有限公司	长江财险	4.87	86.76	0.0598	45
46	富邦财产保险有限公司	富邦财险	4.51	74.51	0.0555	46
47	中原农业保险股份有限公司	中原农险	4.50	18.20	0.0553	47
48	阳光农业相互保险公司	阳光农险	4.34	11.13	0.0533	48
49	珠峰财产保险股份有限公司	珠峰财险	3.58	64.66	0.0441	49
50	国泰财产保险有限责任公司	国泰产险	3.42	5.66	0.0420	50
51	海峡金桥财产保险股份有限公司	海峡财险	3.22	62.06	0.0396	51
52	三星财产保险(中国)有限公司	三星财险	3.06	34.44	0.0376	52
53	鑫安汽车保险股份有限公司	鑫安车险	3.06	36.32	0.0376	53
54	中意财产保险有限公司	中意财险	3.02	39.87	0.0372	54
55	合众财产保险股份有限公司	合众财险	2.13	97.38	0.0262	55
56	黄河财产保险股份有限公司	黄河财险	1.96	32.38	0.0241	56
57	京东安联财产保险有限公司	京东安联	1.81	5.14	0.0222	57
58	安心财产保险有限责任公司	安心财险	1.54	8.79	0.0190	58
59	建信财产保险有限公司	建信财险	0.76	14.71	0.0093	59
60	融盛财产保险股份有限公司	融盛财险	0.73	36.87	0.0090	60
61	东京海上日动火灾保险(中国)有限公司	东京海上	0.34	5.80	0.0042	61
62	现代财产保险(中国)有限公司	现代财险	0.21	14.07	0.0025	62
63	中国铁路财产保险自保有限公司	铁路自保	0.08	1.69	0.0010	63
64	三井住友海上火灾保险(中国)有限公司	三井住友	0.06	0.95	0.0007	64
65	日本财产保险(中国)有限公司	日本财险	0.03	0.79	0.0004	65

注:根据《中国保险年鉴2021》整理。

2020年没有经营车险业务的19家财产保险公司统计　　表1-4

序号	公司名称	
	全称	简称
1	中国出口信用保险公司	中国信保
2	美亚财产保险有限公司	美亚保险
3	太平洋安信农业保险股份有限公司	太平洋安信
4	安达保险有限公司	安达保险

续上表

序号	公司名称	
	全称	简称
5	众惠财产相互保险社	众惠相互
6	苏黎世财产保险(中国)有限公司	苏黎世财险
7	中远海运财产保险自保有限公司	中远海运自保
8	中石油专属财产保险股份有限公司	中石油专属
9	东海航运保险股份有限公司	东海航运
10	瑞再企商保险有限公司	瑞再企商
11	史带财产保险股份有限公司	史带财险
12	久隆财产保险有限公司	久隆财险
13	汇友财产相互保险社	汇友相互
14	乐爱金财产保险(中国)有限公司	乐爱金财险
15	太平科技保险股份有限公司	太平科技
16	广东能源财产保险自保有限公司	广东能源自保
17	爱和谊日生同和财产保险(中国)有限公司	爱和谊财险
18	日本兴亚财产保险(中国)有限责任公司	兴亚财险
19	阳光信用保证保险股份有限公司	阳光信保

注：根据《中国保险年鉴2021》整理。

图1-3 我国2020年汽车保险市场份额占比

84家财产保险公司中，其保费收入规模排名前20的公司及其保险业务结构、保费收入占比见表1-5，可见，20家公司中仅有1家保险公司没有开展车险业务，即中国出口信用保险公司，其保费规模排名第10，但其险种结构非常单一，只有信用保险。该公司2001年12月18日正式揭牌运营，是国内唯一承办出口信用保险业务的政策性保险公司，其为直属中央管理的副部级单位；有车险业务的19家公司中，15家公司车险业务占比第一，2家公司车险业务占比第二(即泰康在线和英大财险，他们占比第一的业务分别是短期健康保险、企业财产保险)，1家公司车险业务占比第三(即国元农险，其农业保险和短期健康保险业务占比超过车险)，1家公司车险业务占比第四(即众安在线，其短期健康保险、其他和意外伤害保险业务占比超过车险)；19家公司的14个业务中，占比前三的业务有9个，分别是：车险(18家公司)、短期健康保险(10家公司)、保证保险(7家公司)、责任保险(6家公司)、农业保险(5家公司)、意外伤害保险(5家公司)、企业财产保险(3家公司)、家庭财产保险(1家公司)、其他(1家公司，其他保险业务如宠物医疗保险、个人账户安全综合保险、新消费电商保险等)。

第1章 汽车保险业发展概述

2020年我国财产保险公司保费收入排名前20的公司及其保险业务结构、保费收入占比统计

表1-5

保费排名	公司简称	机动车辆保险	企业财产保险	家庭财产保险	责任保险	工程保险	货物运输保险	船舶保险	信用保险	保证保险	特殊风险保险	农业保险	短期健康保险	意外伤害保险	其他
1	人保财险	61.49%	3.30%	0.77%	6.59%	0.73%	0.88%	0.55%	0.43%	0.80%	0.86%	8.28%	13.26%	2.06%	—
2	平安产险	68.62%	2.49%	0.39%	5.36%	0.92%	0.64%	0.15%	0.04%	13.09%	0.76%	0.82%	0.96%	5.01%	0.74%
3	太保产险	65.21%	4.12%	0.45%	5.95%	1.15%	1.21%	0.39%	0.24%	4.55%	0.51%	5.84%	6.06%	4.27%	0.04%
4	国寿财险	71.15%	4.22%	0.79%	8.19%	1.43%	0.95%	0.42%	0.16%	0.49%	0.06%	7.54%	1.16%	3.35%	0.09%
5	中华财险	53.13%	2.67%	0.94%	6.18%	1.11%	0.34%	0.38%	—	0.11%	0.04%	20.13%	10.74%	4.24%	—
6	大地财险	56.45%	2.30%	0.31%	5.07%	1.31%	2.99%	0.54%	0.75%	13.69%	0.08%	1.55%	8.46%	6.48%	—
7	阳光财险	64.67%	2.22%	0.46%	4.76%	0.96%	1.55%	0.34%	0.05%	15.00%	0.04%	0.44%	4.37%	4.93%	0.20%
8	太平财险	69.56%	3.00%	0.40%	5.76%	1.28%	1.93%	0.22%	0.47%	0.27%	0.18%	0.53%	10.29%	6.11%	—
9	众安在线	7.95%	0.28%	1.54%	0.70%	—	1.19%	—	3.82%	11.01%	—	—	38.48%	11.29%	23.75%
10	中国信保	—	—	—	—	—	—	—	100%	—	—	—	—	—	—
11	华安保险	71.87%	1.45%	0.52%	5.94%	1.08%	0.13%	0.10%	0.97%	7.44%	0.35%	—	1.65%	8.33%	0.15%
12	永安保险	63.25%	1.81%	0.07%	6.06%	0.29%	0.29%	0.19%	0.40%	17.81%	0.10%	1.51%	4.34%	3.89%	0.00%
13	泰康在线	14.84%	0.26%	0.68%	0.69%	—	—	—	—	3.79%	—	—	69.79%	5.49%	4.48%
14	英大财险	35.07%	42.39%	0.04%	14.47%	2.83%	0.21%	0.03%	0.13%	1.94%	0.19%	—	0.02%	2.57%	0.42%
15	紫金财险	65.58%	2.90%	0.54%	4.93%	0.63%	0.61%	0.96%	—	5.27%	0.03%	12.38%	2.44%	3.59%	—
16	安盛天平	71.10%	2.14%	0.03%	1.72%	0.30%	1.02%	—	—	—	—	0.18%	19.88%	3.62%	—
17	永诚财险	34.86%	23.16%	0.14%	7.77%	4.71%	0.42%	0.44%	0.09%	14.71%	0.19%	—	7.94%	5.55%	0.01%
18	华泰财险	52.25%	11.37%	9.43%	6.33%	2.64%	3.87%	0.77%	0.17%	0.22%	0.65%	0.01%	5.35%	4.49%	2.44%
19	国元农险	14.42%	0.43%	0.29%	1.11%	0.13%	0.76%	—	—	0.10%	0.03%	50.27%	31.93%	1.15%	0.13%
20	国任财险	56.42%	4.96%	0.09%	9.06%	2.00%	0.76%	0.35%	2.91%	6.20%	0.07%	1.10%	10.03%	5.56%	0.49%

注：根据《中国保险年鉴2021》整理。

由表1-5可知,如果去除财产保险公司经营的短期健康保险和意外伤害保险两个业务,剩余的12个业务即为财产保险业务,此时车险业务的地位更加凸显。有车险业务的19家公司中,16家公司车险业务占比第一,2家公司车险业务占比第二(即英大财险和国元农险,他们占比第一的业务分别是企业财产保险和农业保险),1家公司车险业务占比第三(即众安在线,其他保险和保证保险业务占比超过车险)。

1.3.2 汽车保险事故发生频率高

表1-6所示为我国2000—2020年机动车交通事故的次数和直接财产损失额统计。可见,自2004年我国实施《道路交通安全法》规定轻微交通事故可以自行协商处理后,我国的交通事故发生数及财产损失呈现下降趋势,稳定在每年20万次左右;每起事故直接财产损失基本为4000~6000元。据2021年的机动车交通事故数据显示,平均每年发生事故33万多次,每分钟发生0.61次事故,每次事故财产损失4843.76元。除机动车交通事故外,属于汽车保险赔偿的机动车事故还有很多,如盗抢事故、火灾事故、水灾事故、雹灾事故、玻璃破碎事故等,因此,汽车保险事故发生频率非常高。但同时可以看出,汽车保险每次事故的赔付额与其他保险险种相比,却比较低,此种情况下,就要求精细化管理,降低单次事故的查勘、定损、理算等理赔成本。

我国2000—2020年机动车交通事故数据统计　　表1-6

年份(年)	机动车交通事故发生数(起)	机动车交通事故受伤人数(人)	机动车交通事故死亡人数(人)	直接财产损失亿元	每起事故直接财产损失(元/起)
2000	577282	388027	81562	26.23	4543.7
2001	705396	508308	93269	30.32	4298.3
2002	675449	479452	85916	30.17	4466.7
2003	627029	462427	93390	33.05	5270.9
2004	471080	446690	97456	22.48	4772.0
2005	424409	443361	93614	18.38	4330.7
2006	358249	412193	84805	14.64	4086.5
2007	309261	363428	77696	11.72	3789.7
2008	251077	291423	70206	9.91	3947.0
2009	225096	262254	64781	8.94	3971.6
2010	207156	241823	62380	9.04	4363.9
2011	198113	224619	59673	10.48	5289.9
2012	190756	210554	57277	11.42	5986.7
2013	183404	198317	55316	10.00	5452.4
2014	180321	194887	54944	10.34	5734.2
2015	170130	181528	54279	9.89	5813.2
2016	192585	205355	58803	11.46	5950.6

续上表

年份 (年)	机动车交通事故 发生数(起)	机动车交通事故 受伤人数(人)	机动车交通事故 死亡人数(人)	直接财产损失 (亿元)	每起事故直接 财产损失(元/起)
2017	182343	188585	59166	11.56	6339.7
2018	216178	227438	58091	13.10	6059.8
2019	215009	221309	56924	12.58	5850.9
2020	211074	214442	55950	12.28	5817.9

注：数据来源于国家统计局网站。

1.3.3 汽车保险服务网络庞大

汽车保险服务包括投保服务和理赔服务，保险公司为便于客户投保和索赔，均积极建设了保险服务网络，并积极利用网络在线、人工智能等技术开展新型服务，不断提高服务质量。

我国汽车产量连续10余年在全球排名第一；汽车保有量呈逐年上升趋势，目前全球排名第一。据公安部统计，截至2021年底，全国机动车保有量达3.95亿辆，其中汽车为3.02亿辆；机动车驾驶人达4.81亿人，其中汽车驾驶人为4.44亿人；全国新注册登记机动车达3674万辆，新领证驾驶人为2750万人。可以说，汽车已进入了众多普通家庭。汽车保险是汽车的配套产品，尤其是随着交强险的实施，广大汽车使用者或管理者购买车险的意识增强，一般都会积极主动地进行汽车保险的投保，这就需要保险企业提供庞大的、便捷的、全天候的投保服务网络，以满足广大客户的投保需求。

汽车作为运输工具，经常处于运动状态。保险标的所处状态直接影响其面临的风险大小，这也导致了汽车出险地点不可预知，但无论在何时或何地出险，保险人都应积极提供查勘、定损等服务，这就要求有一个全天候的、非常庞大的服务网络。

例如，2020年车险业务市场规模第一的人保财险公司，拥有约1.4万个分支机构和服务网点，北起漠河、南至三沙，机构网点乡镇覆盖率超过98%，构建了线上线下互动、城网农网结合的立体化服务网络。其开通了95518全国服务专线、4001234567电话销售专线、https://www.picc.com/网站直销平台、"中国人保"App及微信公众号、"中国人保财险"微信平台及小程序，随时随地为客户提供包括承保、理赔、咨询等在内的一站式在线服务和全天候风险保障服务。

1.3.4 汽车保险标的种类繁多

作为保险标的的汽车，按用途可分为客车、货车、特种车、摩托车、拖拉机，而它们又可根据不同依据进一步细分，如客车可按座位多少细分、货车可按载质量细分、特种车可按用途细分、摩托车可按排量细分、拖拉机可按使用性质与功率细分。汽车按使用性质可分为营业车辆和非营业车辆，营业车辆又可分为出租租赁、固定路线运输、公路运输，非营业车辆又可分为家庭自用、企业非营业、机关非营业。交强险将汽车分为了8大类42小类(表1-7)。

机动车交通事故责任强制保险对汽车的分类 表1-7

序　号	车辆大类	车辆明细分类
1	家庭自用车	家庭自用汽车6座以下
2		家庭自用汽车6座及以上
3	非营业客车	企业非营业汽车6座以下
4		企业非营业汽车6~10座
5		企业非营业汽车10~20座
6		企业非营业汽车20座以上
7		机关非营业汽车6座以下
8		机关非营业汽车6~10座
9		机关非营业汽车10~20座
10		机关非营业汽车20座以上
11	营业客车	营业出租租赁6座以下
12		营业出租租赁6~10座
13		营业出租租赁10~20座
14		营业出租租赁20~36座
15		营业出租租赁36座以上
16		营业城市公交6~10座
17		营业城市公交10~20座
18		营业城市公交20~36座
19		营业城市公交36座以上
20		营业公路客运6~10座
21		营业公路客运10~20座
22		营业公路客运20~36座
23		营业公路客运36座以上
24	非营业货车	非营业货车载质量2t以下
25		非营业货车载质量2~5t
26		非营业货车载质量5~10t
27		非营业货车载质量10t以上
28	营业货车	营业货车载质量2t以下
29		营业货车载质量2~5t
30		营业货车载质量5~10t
31		营业货车载质量10t以上
32	特种车	特种车一:油罐车,汽罐车,液罐车

续上表

序　号	车辆大类	车辆明细分类
33	特种车	特种车二：专用净水车，特种车一以外的罐式货车，以及用于清障、清扫、清洁、起重、装卸、升降、搅拌、挖掘、推土、冷藏、保温等的各种专用机动车
34		特种车三：装有固定专用仪器设备，从事专业工作的监测、消防、运钞、医疗、电视转播等的各种专用机动车
35		特种车四：集装箱拖头
36	摩托车	摩托车50CC及以下
37		摩托车50～250CC（含）
38		摩托车250CC以上及侧三轮
39	拖拉机	兼用型拖拉机14.7kW及以下
40		兼用型拖拉机14.7kW以上
41		运输型拖拉机14.7kW及以下
42		运输型拖拉机14.7kW以上

种类、性质、座位、载质量、用途、排量、功率不同的汽车，结构、性能、零件、材料等也有很大差异，其风险状况也不同。对保险人而言，经营汽车保险要从多方面增强风险控制，不同的汽车，收费要有所差别。同时，还要调整承保政策、软件系统，以适应新形势的出现。

1.3.5　汽车保险创新应用多

汽车保险具有面广、量大、品种单一等特点，便于新技术的推广，各公司纷纷强化科技赋能，运用网络、人工智能、大数据、区块链等现代技术，构建汽车保险智能承保、理赔、客服、风控体系，实现客户服务能力、产品创新能力、风险管理能力的全面提升。

网上销售和电话销售首先在汽车保险产品的销售上被应用，并取得了良好效果。目前，我国许多财产保险公司都推出了电话车险业务，公布了销售电话，如中国平安保险公司的4008000000、中国人民保险公司的4001234567、中国太平洋保险公司的10108888等。车主可直接拨打电话，即可省去购买车险的中间环节。较其他渠道而言，电话车险可使车主享受更为优惠的保险费率，享受省钱、省心的车险服务。

在车险领域，重载货车保险业务一直存在经营情况复杂、事故风险高、车均保费高等问题。2013年，全国道路货运车辆公共监管与服务平台被推出，该平台也是国家级12t以上重载货车监管平台。通过平台累积的车联网大数据信息，运用"保险+科技"，解决了保险公司重载货车保险普遍缺乏有效风险评价和管控手段的痛点，助力行业高质量发展。

人保财险在超强台风"利奇马"造成的车辆水淹事故定损中，利用了一体化大灾定损方案和专业化定损辅助等科技理赔工具。针对大规模台风损失车辆，智能水淹模块在科技理赔工具的辅助下，利用发动机免拆解检测等技术手段，通过对大量数据的分析就能快速完成水淹车辆事故损失智能确定。目前，许多保险公司在车险理赔中运用了连杆测量工具、数码内窥镜、红外线测温仪、电子听诊器等专业设备，大大提升了事故车辆检测效率。

2021年12月29日,中国保险行业协会正式发布了《保险科技"十四五"发展规划》。这是保险行业首次以行业共识的方式发布保险科技领域中长期专项规划。规划涵盖了保险业科技战略、科技赋能、业务发展、风险防范、科技基础等科技建设各个层面内容,为保险机构制订自身的科技发展规划提供了指导和依据。规划指出:到2025年,我国保险科技发展体制机制进一步完善,保险与科技深度融合、协调发展,保险科技应用成效显著,保险科技水平大幅跃升,人民群众对数字化、网络化、智能化保险产品和服务满意度明显增强,我国保险科技发展居于国际领先水平。

1.3.6 汽车保险赔付率高

2000—2020年,我国保险业务、财产保险业务、汽车保险业务赔款额即赔付率见表1-8。可见,保险业务赔付率在30%左右,均值为29.22%;财产保险业和汽车保险业赔付率明显高于保险业,均值分别为52.85%和54.99%;而汽车保险业赔付率又比财产保险业高,均值高出2.14%。2021年的统计数据中,汽车保险业赔付率高于财产保险业赔付率的年份数为19年,仅有2年略低。

我国2000—2020年保险业、财产保险业、汽车保险业赔款及给付和赔付率　　　表1-8

年份(年)	保险业		财产保险业		汽车保险业	
	赔款及给付(亿元)	赔付率(%)	赔款及给付(亿元)	赔付率(%)	赔款及给付(亿元)	赔付率(%)
2000	526.00	32.92	308.00	50.66	203.00	54.42
2001	597.00	28.31	333.00	48.61	218.00	51.66
2002	707.00	23.15	403.00	51.67	271.00	57.42
2003	841.00	21.68	476.00	54.78	328.47	60.81
2004	1004.00	23.25	582.00	51.73	416.00	55.84
2005	1130.00	22.93	691.00	53.94	483.00	56.29
2006	1438.00	25.49	825.00	52.22	599.15	54.08
2007	2265.00	32.19	1064.00	51.01	790.32	53.25
2008	2971.00	30.37	1475.00	60.30	1046.53	61.47
2009	3125.00	28.06	1638.00	54.73	1200.70	55.70
2010	3200.00	22.03	1815.00	45.07	1375.80	45.80
2011	3929.00	27.40	2249.00	47.06	1750.92	49.96
2012	4716.00	30.45	2897.00	52.39	2247.57	56.12
2013	6213.00	36.08	3556.00	54.87	2719.83	57.61
2014	7216.00	35.66	3968.00	52.60	3026.74	54.87
2015	8674.00	35.72	4448.00	52.81	3335.60	53.81
2016	10515.68	34.03	5045.60	54.45	3648.10	53.38
2017	11181.00	30.57	5497.00	52.15	3937.90	52.36

续上表

年份 (年)	保险业		财产保险业		汽车保险业	
	赔款及给付 (亿元)	赔付率 (%)	赔款及给付 (亿元)	赔付率 (%)	赔款及给付 (亿元)	赔付率 (%)
2018	12297.00	32.35	6455.00	54.91	4401.94	56.19
2019	12893.97	30.24	7278.65	55.92	4613.38	56.34
2020	13907.10	30.73	7880.42	58.01	4725.50	57.32
平均值	—	29.22	—	52.85	—	54.99

注：数据根据国家统计局网站整理。

1.3.7 汽车保险关注产业链发展

所谓汽车保险产业链是指以汽车保险为中心，由不同业态主体组成的产业链条，包括产业链前端的汽车生产企业、汽车销售企业、各保险专业和兼业代理机构、经纪公司以及产业链后端的保险公估公司、律师事务所、医院、汽车修理商等，如图1-4所示。

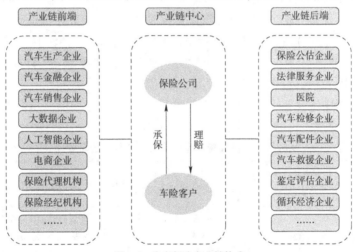

图1-4　汽车保险产业链构成

汽车保险产业链各主体间加强合作，整合产业链资源，实现汽车保险产业链上各主体和谐可持续发展是非常必要的。同时，要明确产业链各环节的合理利益区间，树立合作共赢、互相支持、彼此促进、协同发展的理念，促进汽车保险产业链的进一步发展。

1.4　我国汽车保险市场分析

汽车保险市场分析包括市场主体分析、市场客体分析、市场从业人员分析。

市场主体是指汽车保险市场交易活动的参与者，包括汽车保险商品的供给方、需求方和充当供需双方媒介的中介方。

市场客体是指汽车保险市场上供给方和需求方交易的对象——汽车保险产品。广义的汽车保险产品是指保险公司向市场提供，并可由客户取得、利用或消费的产品和服务；狭义的汽车保险产品是指由保险公司向市场提供、可供客户选择购买的产品。

市场从业人员从广义上来说是指汽车保险市场上从事汽车保险业务及相关活动、服务等的人员;狭义的市场从业人员是指保险公司中从事汽车保险业务及相关活动、服务等的人员。

1.4.1 市场主体分析

1.4.1.1 供给方

汽车保险的供给方是指提供汽车保险产品的各家保险公司,都是依保险法和公司法设立的公司法人。

《中华人民共和国保险法》第九十五条规定了保险公司的业务范围:人身保险业务,包括人寿保险、健康保险、意外伤害保险等保险业务;财产保险业务,包括财产损失保险、责任保险、信用保险、保证保险等保险业务。保险人不得兼营人身保险业务和财产保险业务。但是,经营财产保险业务的保险公司经国务院保险监督管理机构批准,可以经营短期健康保险业务和意外伤害保险业务。一般,经营财产保险业务的保险公司都开办了汽车保险业务。

1)对不同年份保险公司数量的统计

随着我国汽车保险业的发展,经营汽车保险业务(简称"车险")的保险公司由最初仅1家(中国人民保险公司),到现在的60余家(表1-9)。2000年,我国经营汽车保险的保险公司数为13家,"十五""十一五""十二五""十三五"末分别为26家、41家、62家、68家,我国经营车险的保险公司数量在"十五"至"十二五"期间增加较迅速,"十三五"期间增加较缓慢。这些保险公司中不仅有综合性的财产保险公司,还有专业性的汽车保险公司,包含中资公司与外资公司,这使得我国汽车保险业的竞争加剧。

我国不同年份经营汽车保险业务的保险公司统计　　　　　　　表1-9

年份（年）	经营车险业务的保险公司数量（家）	经营车险业务的保险公司(简称)
2000	13	1.人民保险;2.太平洋保险;3.平安保险;4.华泰产险;5.新疆兵团产险;6.永安保险;7.天安保险;8.华安;9.大众;10.美亚;11.民安海口;12.民安深圳;13.皇家太阳上海
2005	26	1.人保财险;2.大地;3.中国保险;4.太平;5.阳光财产;6.中华联合;7.太保产险;8.平安产险;9.华泰财产;10.天安;11.大众;12.华安;13.永安;14.永诚;15.安信农险;16.安邦;17.安华;18.天平汽车;19.阳光农险;20.渤海;21.民安(中国);22.民安海口;23.美亚上海;24.东京海上动上海;25.皇家太阳上海;26.利宝重庆
2010	41	1.人保财险;2.国寿财险;3.大地;4.太平财险;5.阳光产险;6.中华联合;7.太保产险;8.平安产险;9.华泰产险;10.天安保险;11.大众;12.华安;13.永安;14.永诚;15.安信农险;16.安邦产险;17.安华农险;18.天平汽车;19.阳光农险;20.渤海;21.都邦;22.华农;23.民安;24.安诚;25.中银;26.英大财险;27.长安责任;28.国元农险;29.鼎和;30.紫金;31.浙商;32.信达;33.中意财险;34.国泰产险;35.东京海上动;36.三星;37.安联;38.日本财险;39.利宝;40.安盟成都;41.现代

续上表

年份(年)	经营车险业务的保险公司数量(家)	经营车险业务的保险公司(简称)
2015	62	1.人保财险;2.国寿财险;3.大地保险;4.太平财险;5.太保产险;6.平安产险;7.中华联合;8.阳光产险;9.华泰财险;10.天安财险;11.史带保险;12.华安保险;13.永安保险;14.富德财险;15.永诚财险;16.安信农险;17.安邦财险;18.安华农险;19.安盛天平;20.阳光农险;21.合众财险;22.渤海财险;23.都邦财险;24.华农财险;25.亚太保险;26.安诚财险;27.中银保险;28.英大财险;29.长安责任;30.国元农险;31.鼎和财险;32.中煤财险;33.紫金财险;34.浙商财险;35.信达财险;36.泰山财险;37.锦泰财险;38.众诚车险;39.长江财险;40.诚泰财险;41.鑫安车险;42.北部湾财险;43.众安在线;44.华海财险;45.燕赵财险;46.中路财险;47.中原农险;48.铁路自保;49.恒邦财险;50.中意财险;51.美亚保险;52.东京海上日动;53.三井住友;54.三星财险;55.安联财险;56.日本财险;57.利宝保险;58.中航安盟;59.现代财险;60.劳合社保险;61.国泰产险;62.富邦财险
2020	68	1.人保财险;2.国寿财险;3.大地财险;4.太平财险;5.太保产险;6.平安产险;7.中华财险;8.阳光财险;9.泰康在线;10.华泰财险;11.华安保险;12.永安保险;13.富德产险;14.永诚财险;15.大家财险;16.安华农险;17.安盛天平;18.阳光农险;19.合众财险;20.渤海财险;21.都邦财险;22.华农财险;23.亚太财险;24.安诚财险;25.中银保险;26.英大财险;27.长安责任;28.国元农险;29.鼎和财险;30.中煤财险;31.紫金财险;32.浙商财险;33.国任财险;34.泰山财险;35.锦泰财险;36.众诚车险;37.长江财险;38.诚泰财险;39.前海财险;40.鑫安车险;41.北部湾财险;42.众安在线;43.华海财险;44.燕赵财险;45.中路财险;46.恒邦财险;47.中原农险;48.铁路自保;49.安心财险;50.久隆财险;51.珠峰财险;52.海峡财险;53.中远海运自保;54.黄河财险;55.融盛财险;56.建信财险;57.中意财险;58.美亚保险;59.东京海上;60.三井住友;61.三星财险;62.京东安联;63.日本财险;64.利宝保险;65.中航安盟;66.现代财险;67.国泰产险;68.富邦财险

注:数据来源于《中国保险年鉴2001》《中国保险年鉴2006》《中国保险年鉴2011》《中国保险年鉴2016》《中国保险年鉴2021》。

2)部分保险公司简介

部分成立比较早的保险公司简介如下:

(1)中国人民财产保险股份有限公司。中国人民财产保险股份有限公司简称人保财险,前身是1949年10月1日成立的中国人民保险公司,为国内历史悠久、业务规模大、综合实力强的大型国有财产保险公司,是我国保险业发展的培育者与亲历者,保费规模居全球财险市场前列。

(2)中华联合财产保险股份有限公司。中华联合财产保险股份有限公司简称中华财险,前身是1986年7月15日成立的新疆生产建设兵团农牧业生产保险公司,2002年9月20

日,其经中国保监会批准,更名为中华联合财产保险公司。中华财险在全国设有33家分公司,营业网点超过2900个,员工约4.1万人,形成了完善的服务网络。

(3)中国平安财产保险股份有限公司。中国平安财产保险股份有限公司简称平安产险,前身是1988年3月21日成立的深圳平安保险公司,1992年由区域性保险公司改为中国平安保险公司。平安产险经营区域覆盖全国,在全国内各省、自治区、直辖市设有35家二级机构,1100多个营业网点。

(4)中国太平洋财产保险股份有限公司。中国太平洋财产保险股份有限公司简称太保产险,前身是1991年5月13日成立的中国太平洋保险公司。公司在全国28个省、自治区和直辖市设有分支机构1785家,拥有完善的保险网络。

(5)华泰财产保险股份有限公司。华泰财产保险股份有限公司简称华泰财险,于1996年8月29日成立,是我国第一家全国性股份制财产保险公司。公司在全国30个城市设有分支机构,已经形成面向全国的经营布局。

1.4.1.2 需求方

汽车保险的需求者是汽车的拥有者和管理者,多数需求者会积极购买保险,同时会根据本车情况和驾驶人情况,对汽车保险产品进行适当选择。随着我国经济的发展和居民收入的提高,汽车逐步进入了寻常百姓家庭,汽车保有量稳步增加,汽车驾驶人数量快速增长,这些都直接影响了汽车保险的需求量。

1)对车辆的统计分析

车辆种类不同,其主要用途、通常行驶区域以及自身性能和安全性不同,出险频率和风险程度也不同。汽车体积与发生事故危险性有直接关系。大型汽车由于体积大、功率大、速度快,事故后果严重,危害性较高,而小型汽车发生事故的危害性相对低一些。不同类型汽车,对汽车保险产品的需求也呈现一定的差异,如载客汽车对车上人员责任险的需求加大、载货汽车对车上货物责任险的需求加大等。

表1-10为我国不同年份、不同类型汽车保有量的统计分析。可见:汽车保有量、载客汽车保有量、载货汽车保有量、其他汽车保有量均呈现增长趋势,但每五年的增长率差别很大,各类的平均增长率分别为104.98%、134.64%、44.30%、39.27%,所以载客汽车是汽车保有量增加的主力军;载客汽车中,小型载客汽车呈现快速增长趋势,大型、中型、微型载客汽车呈现减少趋势;载货汽车中,重型、轻型载货汽车呈现增长趋势,且轻型载货汽车增速最快,中型、微型载货汽车呈减少趋势,尤其是微型载货汽车数量已经很少。

我国不同年份不同类型汽车的保有量统计　　　　　　表1-10

年份(年)	2000	2005	2010	2015	2020
汽车保有量(万辆)	1608.91	3159.66	7801.83	16284.45	27340.92
载客汽车保有量(万辆)	853.73	2132.46	6124.13	14095.88	24166.18
大型载客汽车保有量(万辆)	—	82.13	116.44	140.07	157.01
中型载客汽车保有量(万辆)	—	131.65	146.07	89.66	68.29
小型载客汽车保有量(万辆)		1618.35	5498.36	13580.48	23782.77

续上表

年份(年)	2000	2005	2010	2015	2020
微型载客汽车保有量(万辆)	—	300.32	363.25	285.66	158.12
载货汽车保有量(万辆)	716.32	955.55	1597.55	2065.62	3042.64
重型载货汽车保有量(万辆)	—	168.07	394.8	530.05	840.64
中型载货汽车保有量(万辆)	—	236.66	269.75	148.87	106.19
轻型载货汽车保有量(万辆)	—	484.51	911.88	1375.79	2092.72
微型载货汽车保有量(万辆)	—	66.31	21.12	10.9	3.09
其他汽车保有量(万辆)	38.86	71.66	80.14	122.95	132.09

注：数据来源于国家统计局网站。

2) 对驾驶人的统计分析

表1-11为我国不同年份车辆驾驶人数量统计。可见，随着车辆普及，人们学习汽车驾驶的主动性非常高，机动车驾驶人人数、汽车驾驶人人数都呈现快速增长的趋势，但每五年的增长率还是有一定差别，其平均增长率分别为56.77%、84.26%，所以汽车驾驶人的数量增多是机动车驾驶人数量增加的主力军。

我国不同年份车辆驾驶人数量统计　　表1-11

年份(年)	机动车驾驶人人数(万人)	汽车驾驶人人数(万人)
2000	7655.56	3746.51
2005	13069.52	8017.76
2010	20068.47	15129.89
2015	32853.05	28012.99
2020	45702.49	41794.89

注：数据来源于国家统计局网站。

图1-5所示为我国机动车驾驶人男女比例统计，一般，女性驾驶人对保险的需求较男性高。从驾驶人性别与事故率来看，也有很大关系，整体而言，男性驾驶人驾车速度较女性高、重大事故肇事率较女性高。例如，美国的调查资料表明：1994年，美国的1.751亿持照驾驶人中，男性占51%，女性占49%，但是，在涉及致命的重大交通事故肇事驾驶人中，男性所占的比例为4.29%，远远大于女性所占比例(1.69%)。所以，从保险公司角度考虑，对女性驾驶人的保险费率应比男性驾驶人略低一些。

图1-6所示为我国机动车驾驶人不同年龄段比例统计，不同年龄段驾驶人对保险的需求不同，对投保和索赔的方式选用也不同。从事故发生率角度看，事故的发生与驾驶人的生理状况和心理状态密切相关。一般情况下，青年人心理未臻成熟，驾驶车速一般较快，因而发生交通事故的概率较高，而且容易导致恶性交通事故；老年人生理机能日趋下降，对一些意外情况反应迟钝，也容易导致交通事故；年富

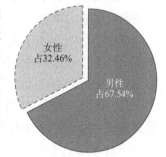

图1-5 我国2020年全国机动车驾驶人男女比例统计

力强的中年人,除了生理条件具有一定优势外,一般具有一定的驾驶经验,分析和判断能力较强,同时,具有稳健的心态和较强的责任感,驾车相对安全。所以,从保险公司角度考虑,一般会通过合理划分年龄段来确定保险费率,这也是从人的因素确定汽车保险费率制度的通用做法。

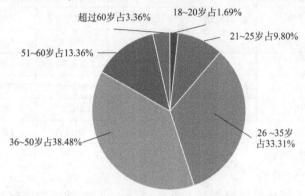

图 1-6　我国 2020 年全国机动车驾驶人不同年龄段比例统计

1.4.1.3　中介方

保险中介是指专门从事保险销售或保险理赔、业务咨询、风险管理活动安排、价值评估、损失鉴定等经营活动,并依法收取佣金或手续费的组织或个人。保险中介的主体形式多样,主要包括保险代理人、保险经纪人、保险公估人,这三类保险中介具有专业性高、技术强、服务好等特点,适应了保险业结构的调整和保险市场化发展的需要,近年来发展迅速。例如,财产保险公司汽车保险业务来源主要是直属展业,约占 50%,剩下的很大一部分则来自保险中介,根据国内车险三大企业(人保财险、平安产险、太保产险)2018 年年报的数据,这三家企业中介销售渠道占比分别是 70.6%、84.8%、90.2%,由此可以看出保险中介对保险业的贡献之大。

保险代理人是根据保险人的委托,向保险人收取代理手续费,并在保险人授权的范围内代为办理保险业务的单位或者个人。保险代理人可以分为三类:专业代理人、兼业代理人和个人代理人。

保险经纪人是基于投保人的利益,为投保人与保险人订立保险合同,提供中介服务,并依法收取佣金的单位。

保险公估人是指为保险合同中的保险人或被保险人办理保险标的的查勘、鉴定、估损、赔款理算并予以证明的受委托人。由于保险公估人处于第三者的地位,与保险合同当事人双方以及保险标的均无经济利害关系,因此,保险公估人能保持公平独立、公正的立场,出具客观公正的公估报告,从而能最大限度地维护保险合同各方当事人的利益,易被合同当事人双方接受,有利于解决保险争议。

1)对保险中介机构总量的统计分析

截至 2020 年底,全国共有保险专业中介机构 2639 家,其中包含 5 家保险中介集团,1764 家保险专业代理机构(241 家全国性保险代理公司,1523 家区域性保险代理公司),497 家保险经纪机构,373 家保险公估机构;全国共有 2.1 万余家保险专业代理机构,22 万余家代理网点。

表 1-12 所示为我国不同年份保险中介机构数量统计,可见,2000 年我国中介机构数量较少,2005 年达到 1800 家,2010 年达到 2550 家,2000—2010 年间,保险中介机构数量增加

较快,是快速发展和布局的时期。而 2010—2020 年,保险中介机构数量增加较慢,是布局优化和缓慢增长的时期。从中介机构规模看,2015 年出现了中介集团;从专业代理看,近 10 年机构数量略有减少;从保险经纪和保险公估看,机构数量持续增加。

我国不同年份保险中介机构数量统计   表 1-12

年份(年)	2000	2005	2010	2015	2020
中介机构总数(家)	54	1800	2550	2503	2639
保险中介集团(家)	—	—	—	6	5
保险专业代理机构(家)	43	1313	1853	1719	1764
保险经纪机构(家)	8	268	392	445	497
保险公估机构(家)	3	219	305	333	373

2)对各辖区保险中介机构的统计分析

表 1-13 所示为"十三五"时期我国的 36 个省/自治区/直辖市/单列市保险中介机构数量,可见:36 个省/自治区/直辖市/单列市中保险中介机构数量差异较大,排名前五的分别是:北京、广东、上海、江苏、山东,排名后五的分别是:西藏、青海、宁夏、甘肃、贵州;"十三五"期间的各省/自治区/直辖市/单列市内保险中介机构数量变动不大,呈现基本稳定状态,机构数量变动最大的是河南、北京,机构数量都变动了 15 家;各省/自治区/直辖市/单列市保险中介机构数量与区域经济发展、保险业规模密切相关。

"十三五"时期我国的 36 个省/自治区/直辖市/单列市保险中介机构数量(单位:家)   表 1-13

省/自治区/直辖市/单列市	年份(年)				
	2016	2017	2018	2019	2020
	数量				
北京	401	402	402	389	387
天津	69	71	78	77	78
河北	122	115	127	128	126
山西	71	70	72	70	70
内蒙古	37	40	41	41	41
辽宁	93	90	90	91	90
大连	34	32	29	27	26
吉林	39	37	38	38	35
黑龙江	51	50	50	47	45
上海	220	218	230	235	227
江苏	152	154	158	156	148
浙江	97	100	100	102	101
宁波	20	19	20	22	20
安徽	56	56	59	59	58
福建	46	47	47	45	44
厦门	23	24	25	25	23

续上表

省/自治区/直辖市/单列市	年份(年)				
	2016	2017	2018	2019	2020
	数量				
江西	12	22	23	24	24
山东	143	142	149	149	150
青岛	54	56	63	65	63
河南	80	82	94	93	95
湖北	51	50	56	55	55
湖南	36	37	37	36	34
广东	230	227	234	233	234
深圳	129	127	130	128	134
广西	31	29	29	28	28
海南	19	18	19	20	22
重庆	32	34	35	35	33
四川	86	87	90	88	90
贵州	11	11	12	12	11
云南	36	35	34	33	33
陕西	79	79	80	81	77
甘肃	9	9	9	9	9
青海	2	3	3	3	3
宁夏	6	7	7	7	7
新疆	19	19	17	16	16
西藏	2	2	2	2	2
总计	2608	2601	2689	2669	2639

3) 对不同类型保险中介机构的统计分析

表1-14所示为2020年我国不同类型保险中介机构在36个省/自治区/直辖市/单列市辖区分布情况统计,可见:保险代理、保险经纪、保险公估三类机构中,代理机构数量最多,经纪机构数量居中,公估机构数量最少;中介集团只存在于河北、广东、深圳。

2020年我国保险专业中介机构分布情况统计表(单位:家)　　表1-14

省/自治区/直辖市/单列市	类型					
	保险专业代理		保险经纪	保险公估	中介集团	辖区合计
	全国性机构	区域性机构				
北京	66	104	172	45	0	387
天津	10	38	20	10	0	78
河北	13	69	8	34	2	126

续上表

省/自治区/直辖市/单列市	类型					
	保险专业代理		保险经纪	保险公估	中介集团	辖区合计
	全国性机构	区域性机构				
山西	0	66	1	3	0	70
内蒙古	1	35	1	4	0	41
辽宁	7	69	3	11	0	90
大连	2	16	3	5	0	26
吉林	1	26	0	8	0	35
黑龙江	1	39	2	3	0	45
上海	24	83	83	37	0	227
江苏	12	117	5	14	0	148
浙江	9	64	18	10	0	101
宁波	2	8	7	3	0	20
安徽	3	35	6	14	0	58
福建	0	34	1	9	0	44
厦门	2	13	4	4	0	23
江西	2	14	5	3	0	24
山东	12	100	11	27	0	150
青岛	4	40	6	13	0	63
河南	8	76	3	8	0	95
湖北	3	36	10	6	0	55
湖南	0	18	9	7	0	34
广东	22	146	29	35	2	234
深圳	15	43	48	27	1	134
广西	1	26	0	1	0	28
海南	1	14	4	3	0	22
重庆	5	19	5	4	0	33
四川	9	62	10	9	0	90
贵州	0	5	5	1	0	11
云南	1	25	3	4	0	33
陕西	5	50	11	11	0	77
甘肃	0	7	2	0	0	9
青海	0	2	1	0	0	3
宁夏	0	7	0	0	0	7

续上表

省/自治区/直辖市/单列市	类型					
	保险专业代理		保险经纪	保险公估	中介集团	辖区合计
	全国性机构	区域性机构				
新疆	0	15	1	0	0	16
西藏	0	2	0	0	0	2
总计	241	1523	497	373	5	2639

1.4.2 市场客体分析

市场客体是指汽车保险市场上供给方和需求方交易的对象——汽车保险产品。产品有广义和狭义之分,此处介绍狭义的产品。汽车保险产品包括交强险、商业险。

1.4.2.1 交强险

1)交强险的实施

交强险的全称是机动车交通事故责任强制保险,是由保险公司对被保险机动车发生道路交通事故造成受害人(不包括本车人员和被保险人)的人身伤亡、财产损失,在责任限额内予以赔偿的强制性责任保险。交强险是我国首个由国家法律规定实行的强制保险制度。

2004年5月1日起实施的《中华人民共和国道路交通安全法》(以下简称《道路交通安全法》)首次提出"建立机动车第三者责任强制保险制度,设立道路交通事故社会救助基金"。2006年3月21日国务院颁布《机动车交通事故责任强制保险条例》,条例规定交强险自2006年7月1日起实施。

2)交强险的责任限额

交强险2006年7月1日实施,责任限额为6万元,后又调整两次,2008年2月1日将责任限额调整为12.2万元,2020年9月19日将责任限额调整为20万元。交强险责任限额包括:死亡伤残赔偿限额、医疗费用赔偿限额、财产损失赔偿限额、无责任死亡伤残赔偿限额、无责任医疗费用赔偿限额、无责任财产损失赔偿限额,具体见表1-15。

交强险责任限额　　　　　表1-15

责任限额	时间和责任					
	2006年7月1日起实施		2008年1月1日起实施		2020年9月19日起实施	
	有责(元)	无责(元)	有责(元)	无责(元)	有责(元)	无责(元)
死亡伤残赔偿限额	50000	10000	110000	11000	180000	18000
医疗费用赔偿限额	8000	1600	10000	1000	18000	1800
财产损失赔偿限额	2000	400	2000	100	2000	100
合计	60000	12000	122000	11100	200000	19900

1.4.2.2 商业险

1) 主险和附加险关系

商业险分主险和附加险两部分。主险是对车辆使用过程中大多数车辆使用者经常面临的风险给予保障。附加险是对主险保险责任的补充，它承保的一般是主险不予承保的自然灾害或意外事故。附加险不能单独承保，必须投保相应主险后才能承保。

2) 商业险险种框架

随着汽车保险业的发展，主险险种、附加险险种都不断进行补充丰富或改革创新，使险种数量及其保障内容都大大增加。当前我国汽车保险险种框架见表1-16。

商业险产品体系　　　　　　　　　　　　　　　　　表1-16

产品体系	保险类别	主险	附加险
传统汽车保险产品	机动车综合商业保险	机动车损失保险； 机动车第三者责任保险； 机动车车上人员责任保险	绝对免赔率特约条款； 车轮单独损失险； 新增加设备损失险； 车身划痕损失险； 修理期间费用补偿险； 发动机进水损坏除外特约条款； 车上货物责任险； 精神损害抚慰金责任险； 法定节假日限额翻倍险； 医保外医疗费用责任险； 机动车增值服务特约条款
	机动车单程提车保险	机动车损失保险； 机动车第三者责任保险； 机动车车上人员责任保险	绝对免赔率特约条款； 车轮单独损失险； 精神损害抚慰金责任险； 医保外医疗费用责任险
	摩托车、拖拉机综合商业保险	摩托车、拖拉机损失保险； 摩托车、拖拉机第三者责任保险； 摩托车、拖拉机车上人员责任保险； 摩托车、拖拉机全车盗抢险	绝对免赔率特约条款； 精神损害抚慰金责任险； 医保外医疗费用责任险
	特种车综合商业保险	特种车损失保险； 特种车第三者责任保险； 特种车车上人员责任保险； 特种车全车盗抢保险	绝对免赔率特约条款； 车轮单独损失险； 新增加设备损失险； 修理期间费用补偿险； 车上货物责任险； 精神损害抚慰金责任险； 医保外医疗费用责任险； 起重、装卸、挖掘车损失扩展条款； 特种车辆固定设备、仪器损坏扩展条款
	驾乘人员意外伤害保险	驾乘人员意外伤害保险	住院津贴保险； 医保外医疗费用补偿险

续上表

产品体系	保险类别	主险	附加险
新能源汽车保险产品	新能源汽车商业保险	新能源汽车损失保险； 新能源汽车第三者责任保险； 新能源汽车车上人员责任保险	外部电网故障损失险； 自用充电桩损失保险； 自用充电桩责任保险； 绝对免赔率特约条款； 车轮单独损失险； 新增加设备损失险； 车身划痕损失险； 修理期间费用补偿险； 车上货物责任险； 精神损害抚慰金责任险； 法定节假日限额翻倍险； 医保外医疗费用责任险； 新能源汽车增值服务特约条款
	新能源汽车驾乘人员意外伤害保险	新能源汽车驾乘人员意外伤害保险	住院津贴保险； 医保外医疗费用补偿险

1.4.3 市场从业人员分析

车险市场从业人员有广义和狭义之分，此处介绍狭义的车险从业人员，即保险公司中从事汽车保险业务及相关活动、服务等的人员。

1.4.3.1 市场从业人员数量分析

财产保险公司中车险从业人员一般无单独统计，其数量可根据产险公司职工数与车险保费收入占产险保费收入比例进行折合计算，具体见表1-17。可见，车险从业人员折合数量总体呈现快速增长趋势，但中间年份有些波动，如2005年出现人数减少的情况，而2010年和2015年人员数量基本无变化等。车险从业人员每五年的增长率分别为-22.63%、386.21%、0.01%、88.35%，其平均增长率为112.98%。

我国不同年份财产保险公司车险从业人员数量统计　　表1-17

统计数据	年份（年）				
	2000	2005	2010	2015	2020
财险公司人员数量（人）	284997	202031	880900	892927	2039205
车险业务占财产险业务比例（%）	61.3	66.9	74.6	73.6	60.7
财险公司车险从业人员折合数量（人）	174703	135159	657151	657194	1237797

注：数据来源于《中国保险年鉴2001》《中国保险年鉴2006》《中国保险年鉴2011》《中国保险年鉴2016》《中国保险年鉴2021》、国家统计局网站。

1.4.3.2 市场从业人员学历分析

从业人员学历分布见表1-18。从时间发展角度看，学士、硕士、博士人员占比呈增长趋势,大专及以下人员占比呈减少趋势,符合我国教育发展形势和保险企业人员招聘要求;从人员构成比例看,大专及以下仍是保险企业从业人员的主力军,其次是学士,硕士和博士的占比较少。

我国不同年份财产保险公司车险从业人员学历占比统计　　表1-18

年份(年)	学历			
	博士(%)	硕士(%)	学士(%)	大专及以下(%)
2000	0.03	0.52	16.82	82.63
2005	0.07	2.62	28.60	68.72
2010	0.10	3.46	38.83	57.61
2015	0.07	3.06	37.55	59.32
2020	0.06	2.98	39.37	57.59

注:数据来源于《中国保险年鉴2001》《中国保险年鉴2006》《中国保险年鉴2011》《中国保险年鉴2016》《中国保险年鉴2021》。

1.4.3.3 市场从业人员年龄分析

从业人员年龄分布见表1-19。35岁以下人员是车险从业人员主力军,占一半以上,36~45岁人员是第二主力,46岁以上人员占比最少,但有增长趋势。

我国不同年份财产保险公司车险从业人员年龄占比统计　　表1-19

年份(年)	年龄		
	35岁以下(%)	36~45岁(%)	46岁以上(%)
2000	55.06	31.84	13.10
2005	53.36	33.57	13.08
2010	59.65	27.05	13.30
2015	63.90	22.47	13.64
2020	56.09	25.79	18.12

注:数据来源于《中国保险年鉴2001》《中国保险年鉴2006》《中国保险年鉴2011》《中国保险年鉴2016》《中国保险年鉴2021》。

1.4.3.4 市场从业人员职称分析

从业人员职称分布见表1-20。其他人员占比最大,且呈增长趋势,说明多数保险企业不开展国家认可的职称评聘工作,其仅在公司内部制订了自身认可的评聘或晋升体系;在有职称人员中,初级占比最大,中级次之,高级最少,且从时间发展看,有职称评聘的企业也存在有弱化职称评聘工作的趋势。

我国不同年份财产保险公司车险从业人员职称占比统计　　表1-20

年份(年)	职称			
	高级(%)	中级(%)	初级(%)	其他(%)
2000	0.75	9.27	14.50	75.48
2005	1.32	15.08	22.71	60.89
2010	0.41	3.02	3.96	92.61

续上表

年份(年)	职称			
	高级(%)	中级(%)	初级(%)	其他(%)
2015	0.45	2.44	7.59	89.52
2020	0.18	0.88	1.18	97.76

注：数据来源于《中国保险年鉴2001》《中国保险年鉴2006》《中国保险年鉴2011》《中国保险年鉴2016》《中国保险年鉴2021》。

1.4.3.5 市场从业人员保费贡献度分析

从业人员保费贡献度是根据车险保费收入与车险人员人数比值计算得出（表1-21），其总体呈现增长趋势，但中间存在较大波动，尤其是与2015年数据相比，2020年，人均保费贡献度降低，这需要保险企业思考如减员增效、扩大业务规模等做法是否有真正实效。

我国不同年份财产保险公司车险从业人员保费贡献度统计　　表1-21

年份(年)	财险公司车险从业人员折合数量(人)	车险保费收入(亿元)	车险从业人员人均贡献车险保费数量(万元/人)
2000	174703	373	21.35
2005	135159	858	63.48
2010	657151	3004	45.71
2015	657194	6199	94.33
2020	1237797	8245	66.61

注：数据来源于《中国保险年鉴2001》《中国保险年鉴2006》《中国保险年鉴2011》《中国保险年鉴2016》《中国保险年鉴2021》、国家统计局网站。

第 2 章
汽车保险业整体发展趋势研究

2.1 汽车保险业常用统计指标

通过对 2001—2020 年我国汽车保险业常用统计指标数据的研究,分析我国汽车保险业整体发展趋势。从汽车保险的发展水平评价指标、经营评价指标、事故损失程度评价指标、人伤赔偿评价指标 4 个方面选取 16 个指标,其中,发展水平评价指标包括:保险密度、保险深度、需求收入弹性,经营指标包括:车险保费收入、车险赔款、车均保费、车均赔款、赔付率,事故损失程度评价指标包括:交通事故死亡人数、交通事故受伤人数、交通事故直接财产损失,人伤赔偿评价指标包括:城镇居民人均可支配收入、农村居民人均纯收入、城镇居民人均消费支出、农村居民人均消费支出、城镇单位就业职工平均工资。16 个统计指标与汽车保险业的关系见表 2-1。

统计指标与汽车保险业的关系 　　　　　　　表 2-1

统计指标	具体内容	相互关系
发展水平评价指标	保险密度	保险密度等于车险保费收入除以该地区的人口总数,体现了在统计区域内常住人口的平均保费金额,反映了统计区域内的经济发展状况和人们保险意识
	保险深度	保险深度等于车险保费收入除以国内生产总值(GDP),反映了一个国家的保险业在国民经济中的地位
	需求收入弹性	居民收入变动所引起的汽车保险需求的变动可用汽车保险需求的收入弹性表示
经营评价指标	车险保费收入	对应承保风险所收取的保费,体现了财产保险公司为履行保险合同规定的义务而向投保人收取的对价收入,是财产保险公司资金来源
	车险赔款	反映了财产保险公司已经支付的赔款
	车均保费	车均保费等于车险保费收入除以民用汽车拥有量,反映了每一辆车的平均保费收入
	车均赔款	车均赔款等于车险赔款除以民用汽车拥有量,反映了每一辆车的平均赔款支出
	赔付率	赔付率等于车险赔款除以车险保费收入,体现了所收保费中已赔付金额所占比例
事故损失程度评价指标	交通事故死亡人数	交通事故中有保险公司赔付的案件占比约为 70%,交通事故伤亡人数和直接财产损失对车险赔款的金额起决定作用
	交通事故受伤人数	
	交通事故直接财产损失	

续上表

统计指标	具体内容	相互关系
人伤赔偿评价指标	城镇居民人均可支配收入	城镇居民的人均可支配收入是计算城镇居民的残疾赔偿金和死亡赔偿金的标准,反映了全国或一个地区城镇居民的平均收入水平
	农村居民人均可支配收入	农村居民人均可支配收入是计算农村居民的残疾赔偿金和死亡赔偿金的标准,反映了全国或一个地区农村居民的平均收入水平
	城镇居民人均消费支出	城镇居民人均消费支出是计算城镇居民被扶养费的标准。城镇居民人均消费支出是指城镇居民用于日常生活的全部支出,包括购买商品的支出和文化生活、服务等非商品性支出。不包括罚没、丢失款和缴纳的各种税款(如个人所得税、牌照税、房产税等),也不包括个体劳动者生产经营过程中发生的各项费用
	农村居民人均消费支出	农村居民人均消费支出是计算农村居民被扶养费的标准。农村居民人均消费支出,是指农村常住居民家庭用于日常生活的全部开支,是反映和研究农民家庭实际生活消费水平高低的重要指标
	城镇单位就业职工平均工资	城镇单位就业职工平均工资是误工费赔偿的参照标准,误工费的赔偿标准为:有固定收入的受害人,其误工费按照实际减少的收入计算;无固定收入的受害人,按照其最近三年的平均收入计算;不能举证证明最近三年的平均收入状况的受害人,可以参照受诉法院所在地相同或者相近行业上一年度职工的平均工资进行计算

2.1.1 汽车保险发展水平评价指标

2.1.1.1 汽车保险密度和汽车保险深度

汽车保险密度能够反映我国公民参加汽车保险的程度,汽车保险深度能够反映我国汽车保险业在整个国民经济中的地位。2001—2020 年我国汽车保险密度和汽车保险深度相关数据见表2-2。

2001—2020 年我国汽车保险密度和汽车保险深度数据　　表2-2

年份(年)	汽车保险密度(元/人)	汽车保险深度(%)	年份(年)	汽车保险密度(元/人)	汽车保险深度(%)
2001	33.07	0.38	2011	259.76	0.72
2002	36.74	0.39	2012	294.67	0.74
2003	41.80	0.39	2013	345.27	0.80
2004	57.31	0.46	2014	400.73	0.86
2005	65.62	0.46	2015	448.14	0.90
2006	84.28	0.50	2016	490.85	0.92
2007	112.34	0.55	2017	537.18	0.90
2008	128.20	0.53	2018	557.42	0.85
2009	161.53	0.62	2019	580.7	0.83
2010	224.04	0.73	2020	584.00	0.81

注:数据来源于国家统计局网站。

由表 2-2 可知,2001—2020 年我国汽车保险密度逐年递增,由 2001 年的 33.07 元/人增加到 2020 年的 584.00 元/人,我国汽车保险密度在 20 年间增长了约 16.7 倍,标志着我国汽车保险业务在不断地发展完善,也反映了我国经济正飞速发展、人们保险意识正逐渐增强。

我国汽车保险深度在 20 年间呈先增后减的趋势,2001—2016 年间我国汽车保险深度逐年提高,呈不断上升的趋势,由 2001 年的 0.38% 增长到 2016 年的 0.92%;2017—2020 年,汽车保险深度逐年下降,2020 年的保险深度降至 0.81%,主要受保费收入下降的影响,反映了我国汽车保险业在整个国民经济中的地位不断上升,国民经济总体发展水平不断提高,汽车保险业的发展速度不断加快。

2.1.1.2 需求收入弹性

由消费者收入变动所引起的保险需求量变动,通常用保险需求的收入弹性表示,那么,由居民收入变动所引起的汽车保险需求量变动可用汽车保险需求的收入弹性表示。即:

$$E_m = \frac{\frac{\Delta Q}{Q}}{\frac{\Delta I}{I}} \tag{2-1}$$

其中:E_m 表示我国居民收入弹性;Q 表示我国汽车保险需求总量;ΔQ 表示我国汽车保险需求总量增长率,利用车险保费收入表示我国汽车保险需求总量;I 表示居民收入;ΔI 表示居民收入增长率。

根据我国居民收入及我国汽车保险保费收入的相关数据,计算出 2001—2020 年我国汽车保险保费收入对居民收入的收入弹性,结果见表 2-3。

2001—2020 年汽车保险需求收入弹性数据 表 2-3

时间（年）	居民收入（亿元）	居民收入增长率（%）	车险保费收入（亿元）	车险保费增长率（%）	需求收入弹性
2001	5.18	10.21	422	13.14	1.29
2002	5.82	12.38	472	11.85	0.96
2003	6.47	11.15	540.14	14.44	1.30
2004	7.36	13.73	745	37.93	2.76
2005	8.35	13.46	858	15.17	1.13
2006	9.50	13.82	1107.87	29.12	2.11
2007	11.34	19.36	1484.28	33.98	1.76
2008	13.22	16.59	1702.52	14.70	0.89
2009	14.65	10.78	2155.6	26.61	2.47
2010	16.79	14.60	3004.2	39.37	2.70
2011	19.63	16.94	3504.56	16.66	0.98
2012	22.44	14.31	4005.17	14.28	1.00
2013	25.04	11.56	4720.79	17.87	1.55

续上表

时间(年)	居民收入(亿元)	居民收入增长率(%)	车险保费收入(亿元)	车险保费增长率(%)	需求收入弹性
2014	27.76	10.88	5515.93	16.84	1.55
2015	30.38	9.46	6199	12.38	1.31
2016	33.17	9.16	6834.22	10.25	1.12
2017	36.37	9.65	7521.1	10.05	1.04
2018	39.67	9.09	7834.05	4.16	0.46
2019	43.34	9.24	8188.32	4.52	0.49
2020	45.45	4.89	8244.75	0.69	0.14

注：数据来源于国家统计局网站。

E_m 分为以下四种类型：

(1) $E_m = 0$，需求收入无弹性。消费者收入的变化并不引起对商品需求量的变化，这是一种极端情况。

(2) $E_m < 0$，需求收入弹性为负值。如果一种商品的需求收入弹性小于零，就说明该商品的需求量与收入之间存在反方向变化的关系。当消费者收入增加时，对该商品的需求量反而减少，这样的商品在经济学中称为劣质商品或低档商品。

(3) $0 < E_m < 1$，需求收入缺乏弹性。当消费者收入增加时，消费者对某种商品的需求量增加，但是需求量增加的幅度小于收入增加的幅度，这种商品被称为生活必需品。

(4) $E_m > 1$，需求收入富有弹性。当消费者收入增加时，消费者对某种商品的需求量增加，但是需求量增加的幅度大于收入增加的幅度，这种商品被称为奢侈品。

由表 2-3 可知，除个别年份除外，我国汽车保险保费收入对我国居民收入的弹性均大于 1，总体富有弹性。因此，当消费者收入增加时，将增加对汽车保险需求的投入，有利于我国汽车保险业的良好发展。

2.1.2 汽车保险经营指标

2.1.2.1 车险保费收入和车险赔款

保费和赔款作为把控我国汽车保险业"前端"和"后端"的两驾马车，决定了财产保险公司车险业务的盈利情况，对其进行分析和研究，能够非常直观地探寻我国汽车保险业整体的发展趋势。

统计了 2001—2020 年车险保费收入和车险赔款数据，对车险保费收入、车险保费占财产险保费收入的比例、车险保费的增长率、车险赔款、车险赔款占财产险赔款的比例以及车险赔款的增长率等相关数据进行具体分析，并得出相应的研究结论。2001—2020 年我国车险保费收入和车险赔款相关数据见表 1-2 和表 1-8。

(1) 车险保费收入和车险赔款分析。

由表 1-2 和表 1-8 可知，2001—2020 年，我国汽车保险业迅猛发展，我国汽车保险保费收入由2001年的422亿元增长到2020年的8244.75亿元,20年间增长了18.54倍,年平均保费为3752.98亿元。自2012年起超过平均水平后持续快速增长,2015年车险第一次费改后,三大变化促进汽车保险业的发展:①低风险客户保费更低,即"奖优罚劣",如若标的车上一年未出险,次年保费可享受8.5折优惠,连续2年未出险,可享受7折优惠,连续3年未出险,可享受6折优惠,外加渠道系数和保险公司的自主定价折扣,最低能享受4.3折优惠;②同价车保费或大不同,即与"零整比"挂钩,如某款日系车和某款德系车零整比分别为173%和404%,市场售价相近,但维修换件费用却差异很大,按照以前费率计算两款车保费,计算结果仅差几十元,而第一次费改后两者保费相差数百元;③碰撞自身家庭成员能理赔,即扩大了保险责任范围,如以前事故中家庭成员的伤亡属于责任免除,但一次费改后,被保险人或驾驶人的家人可获得赔付,大幅提高了商业车险的风险保障水平。因此,2015年,车险第一次费改后的利好政策使我国汽车保险业赢来了更快发展的机会。

受2018年第二次费改政策的影响,车险保费占比有所下降,但保费收入的增长速度明显放缓,主要受2020年第三次车险综合改革政策的影响,此次车险综合改革保费更低,但保障范围却持续扩大。因此,车险保费收入不断增长,近几年增长可能有所放缓,但保障范围更加广泛,说明了我国汽车保险业正在持续快速向好发展。

在汽车保险保费持续上涨的同时,汽车保险赔款支出也不断增加。由表1-8可知,我国车险赔款从2001年的218亿元增长到2020年的4725.5亿元,20年间增长了20.7倍。2012年起,超过平均水平并逐年增加,增长趋势与车险保费增长的趋势类似,同时,随着汽车保有量的增加,汽车保险事故也在不断增加,保险赔款也逐年增加,说明我国汽车保险行业在保险产品优化升级和理赔方案流程上都有着很大的发展空间。

(2)车险保费和车险赔款分别占财产险保费收入的比例分析。

图2-1为2001—2020年车险保费和车险赔款占比图。

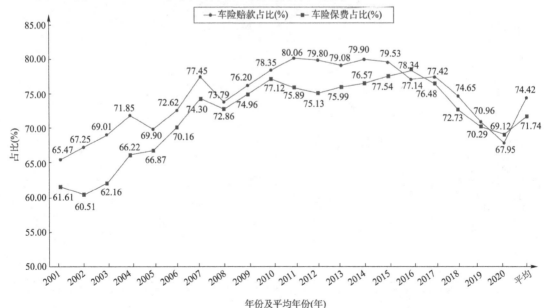

图2-1 2001—2020年车险保费和车险赔款占比

由图 2-1 可知,2001—2020 年,车险保费占比均超过 60%,说明汽车保险一直都是我国财产保险的主要险种。其中,2002 年的车险保费占比为 60.51%,占比最低;2016 年的车险保费占比为 77.74%,占比最高,之后几年持续下降;车险保费平均占比为 71.74%;车险保费占比在 2007—2018 年超过平均水平,2019 年降至平均水平以下;受一次、二次、三次车险费改的影响,占比自 2016 年以后持续下降,到 2020 年降至 67.12%,但仍然接近于 70%。因此,汽车保险仍然是财产保险的支柱产业,我国汽车保险的稳定健康发展决定了我国财产保险业的未来。

2001—2020 年,车险赔款占比均超过 65%,2001 年,车险赔款占比为 65.47%,占比最低;2011 年,车险赔款占比为 80.06%,占比最高;平均占比为 74.42%,车险赔款占比数据的变化趋势与车险保费占比数据的变化趋势大致相同。因此,车险赔款占比总体来看是受车险保费的影响,加强对车险赔款的管控有利于我国汽车保险业的发展。

(3)车险保费和车险赔款的增长率分析。

图 2-2 为 2001—2020 年车险保费和车险赔款增长率图。由图 2-2 可知,2001—2020 年,车险保费增长率波动性较大,年平均增长 17.20%,包含三次比较大的涨幅,分别为:2004 年(增长率为 37.93%,主要受 2003 年个性化条款施行的影响);2007 年(增长率为 31.9%,主要受我国正式开始实施交强险,即《机动车交通事故责任强制保险条例》的影响);2010 年(增长率为 39.37,这也是 20 年间增长率最高的年份,主要受汽车保有量迅速增长的影响;2009 年和 2010 年汽车保有量增长率均超过 20%,其中 2010 年达到最高为 24.22%)。2020 年的车险保费增长率最低,仅为 0.69%,2013 年后出现三次较大降幅,分别为:2015 年(增长率同比下降 4.46%,主要受《2014 版示范条款》实施的影响);2016 年(增长率同比下降 2.13%,主要受第一次费改的影响);2020 年(增长率同比下降 3.83%,主要受第三次车险综合改革的影响)。

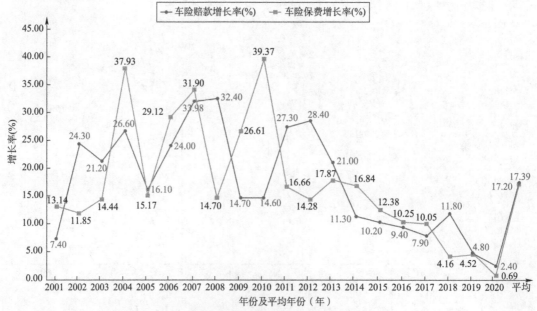

图 2-2 2001—2020 年车险保费和车险赔款增长率

2001—2020 年,车险赔款增长率波动性较大,但变化趋势大致与车险保费的增长率变化趋势一致,2008 年,车险赔款增长率为 32.40%,增长率最高;2020 年,车险赔款增长率为 2.40%,增长率最低;年平均增长 17.39%。车险赔款增长率有两段增长率持平期,分别为:2008 年(增长率为 32.40%,同比增长 0.5%,主要受保费收入增速下降的影响);2010 年(增长率为 14.60%,同比下降 0.1%,主要受汽车保有量增长的影响)。

综上所述,车险保费和车险赔款的增长率波动比较大,近几年增长均有所放缓,但总体水平来看,我国汽车保险业仍然逐年发展,受政策影响,保费收入增长速度放缓,但保险责任、服务范围均在不断扩大。另外,随着人们风险意识和保险意识的增强,车险赔款的增长率也逐年下降,从而保证了我国汽车保险业的整体发展。

2.1.2.2 车均保费和车均赔款

汽车保险的保费收入和赔款支出除受国家政策的影响外,还受汽车保有量的影响,汽车保有量越大、车均保费越高,说明我国汽车保险保费增长越快,而车均赔款能够体现保险业的赔付水平,车均赔款越少,说明保险公司盈利越高、发展越好。2001—2020 年我国车均保费和车均赔款相关数据见表 2-4。

2001—2020 年车均保费与车均赔款数据　　　　　表 2-4

年份(年)	车均保费(元/辆)	车均赔款(元/辆)	年份(年)	车均保费(元/辆)	车均赔款(元/辆)
2001	2341.79	1209.74	2011	3745.66	1871.38
2002	2298.88	1319.91	2012	3663.35	2055.75
2003	2266.71	1378.43	2013	3725.92	2146.65
2004	2765.7	1544.34	2014	3778.52	2073.38
2005	2715.48	1528.65	2015	3806.69	2048.33
2006	2996.39	1620.48	2016	3679.36	1964.04
2007	3405.59	1813.34	2017	3597.46	1883.56
2008	3338.53	2052.18	2018	3372.21	1894.84
2009	3432.15	1911.76	2019	3226.75	1817.98
2010	3850.64	1763.43	2020	3015.86	1728.55

注:数据来源于国家统计局网站。

由表 2-4 可知,2001—2010 年,我国车均保费由 2341.79 元/辆上涨到了 3850.64 元/辆,整体呈上升的趋势;2010—2020 年我国车均保费整体呈下降的趋势,2020 年的车均保费为 3015.86 元/辆,已低于 20 年的平均水平(3251.18 元/辆),这主要受第三次车险综合改革的影响。近几年,车均保费下降反映了我国汽车保险业的进一步发展,车险的综合改革使消费者的投保负担明显减轻。

车均赔款在 2001—2020 年整体波动不大,由 2001 的 1209.74 元/辆上升到 2020 年的 1728.55 元/辆,其中,2008 年的车均赔款达到了统计年限的最大值(2052.18 元/辆)。而 2015—2020 年,随着车均保费的下降,车均赔款也呈现出下降趋势,这反映了汽车保险业务的优化升级,投保项目类型更加合理,人们的保险意识也不断增强。

2.1.2.3 车险赔付率

车险赔付率一直居高不下,其利润贡献度与其保费占比严重不匹配,直接影响到整体财险业务的可持续发展,改善车险赔付率高的不利现状对财险公司的经营发展至关重要。2001—2020年,我国汽车赔付率数据见表1-8。

(1)我国汽车保险高赔付率的原因。

影响赔付率的因素既有内在风险因素,又有外在风险因素。保险公司赔付面临的内在风险因素主要是指由于公司经营决策失误、经营管理不善、投保人的道德风险以及保险欺诈等各因素造成的产品设计风险、承保风险、理赔风险等。保险公司赔付面临的外在风险因素主要是指机动车辆的安全因素。

(2)降低我国汽车保险高赔付率的措施。

①加强车险经营管理,建立业务员工资与车险赔付率挂钩的弹性制度,完善公司内部各项规章制度,加强成本核算。

②保险公司应建立科学先进的投保人风险评估机制,预防道德风险。

③保险公司在事故发生后不仅要查勘现场,还要清楚修理厂的修理程序及方法,保险公司应加强对修理厂的监督。

④保险公司应加大与医院方的合作,争取政府特别是医疗行政主管部门的支持,设立定点医院,保险公司可派人驻院,审核有关处方,减少与事故无关用药及检查费用。

2.1.3 汽车事故损失程度评价指标

我国机动车事故数量对汽车保险赔款具有决定性影响,而机动车保险事故中主要包含三类数据,分别为机动车事故受伤人数、机动车事故死亡人数和机动车事故直接财产损失。

由表1-6可知,我国机动车交通事故受伤人数和直接财产损失总体呈下降趋势,但在2015年以后均有小幅上涨,主要受机动车事故数量增加的影响,其中,2016年,机动车事故数量同比增加2.25万起,受伤人数同比增加2.38人,直接财产损失同比增加1.57亿元;2018年,机动车事故数量同比增加3.38万起,受伤人数同比增加3.89万人,直接财产损失同比增加1.54亿元。

我国机动车事故死亡人数整体波动不大,年平均死亡人数为6.85万人,2004年达到最高,死亡人数为9.75万人;2015年时最低,死亡人数为5.43万人。受机动车事故数量增加的影响,2016年同比增长0.45万人;虽然2018年汽车机动车事故死亡人数同比下降0.11万人,但受伤人数和直接财产损失均同比增长。因此,不断提升人们的安全意识,有利于有效减少汽车道路交通事故的数量,降低汽车保险赔款的赔付,保证我国汽车保险业稳定良好发展。

2.1.4 汽车保险人伤赔偿评价指标

2.1.4.1 城镇居民和农村居民人均可支配收入

在我国汽车保险事故理赔中,涉及人伤的事故是最复杂的,其也决定了理赔过程中赔款量。在人身伤亡费用的计算中,主要以各省、自治区、直辖市、经济特区、计划单列市上一年度国民经济和社会发展统计公报修订的交通事故人身损害赔偿有关费用标准为依据。2001—2020 年,我国城镇居民和农村居民人均可支配收入相关数据见表 2-5。

我国 2001—2021 年城镇居民和农村居民人均可支配收入数据(单位:元)　　表 2-5

年份(年)	全国居民人均可支配收入	城镇居民人均可支配收入	农村居民人均可支配收入
2001	4059	6860	2366
2002	4532	7652	2529
2003	5007	8406	2690
2004	5661	9335	3027
2005	6385	10382	3370
2006	7229	11620	3731
2007	8584	13603	4327
2008	9957	15549	4999
2009	10977	16901	5435
2010	12520	18779	6272
2011	14551	21427	7394
2012	16510	24127	8389
2013	18311	26467	9430
2014	20167	28844	10489
2015	21966	31195	11422
2016	23821	33616	12363
2017	25974	36396	13432
2018	28228	39251	14617
2019	30733	42359	16021
2020	32189	43834	17131

注:数据来源于国家统计局网站。

由表 2-5 可知,随着我国经济的稳步发展,我国城镇居民和农村居民人均可支配收入均大幅提升,其中,城镇居民人均可支配收入由 2001 年的 6860 元上涨到了 2020 年的 43834 元,增长了 36974 元;农村居民人均可支配收入由 2001 年的 2366 元上涨到了 2020 年的 17131 元,增长了 14765 元。2001 年,城镇居民人均可支配收入是农村居民的 2.9 倍;2007 年,二者差距最大,城镇居民人均可支配收入是农村居民的 3.14 倍,随后差距便逐年减少;2020 年,城镇居民人均可支配收入是农村居民的 2.56 倍。由此可见,随着国家相关政策的出台,城乡居民的贫富差距正在逐步缩小,这也非常有利于我国汽车保险业的良好发展。

2.1.4.2 城镇居民和农村居民人均消费支出

2001—2020年,我国城镇居民和农村居民人均消费支出相关数据见表2-6。

我国2001—2020年城镇居民和农村居民人均消费支出数据(单位:元) 表2-6

年份(年)	全国居民人均消费支出	城镇居民人均消费支出	农村居民人均消费支出
2001	3085	5309	1741
2002	3548	6089	1917
2003	3889	6587	2050
2004	4395	7280	2326
2005	5035	8068	2749
2006	5634	8851	3072
2007	6592	10196	3536
2008	7548	11489	4054
2009	8377	12558	4464
2010	9378	13821	4945
2011	10820	15554	5892
2012	12054	17107	6667
2013	13220	18488	7485
2014	14491	19968	8383
2015	15712	21392	9223
2016	17111	23079	10130
2017	18322	24445	10955
2018	19853	26112	12124
2019	21559	28063	13328
2020	21210	27007	13713

注:数据来源于国家统计局网站。

由表2-6可知,随着我国经济的稳步发展,我国城镇居民和农村居民人均消费支出均大幅提升,其中,城镇居民人均消费支出由2001年的5309元上涨到了2020年的27007元,增长了21698元,但在2019年达到最大值28063元,2020年略有下降;农村居民人均消费支出由2001年的1741元上涨到2020年的13713元,增长了11972元。2001年,城镇居民人均消费支出是农村居民的2.05倍,随后差距便逐年下降,2020年,仅为1.97倍。

2.1.4.3 城镇单位就业职工平均工资

2001—2020年,我国城镇单位就业职工平均工资相关数据如图2-3所示。由图2-3可知,随着我国经济的稳步发展,我国城镇单位就业职工平均工资大幅提升,由2001年的1.09万元上涨到了2020年的9.74万元,增长了8.65万元,年平均工资为4.43万元,平均工资的上涨可以更加促进居民对保险的需求,有利于我国汽车保险业的快速发展。

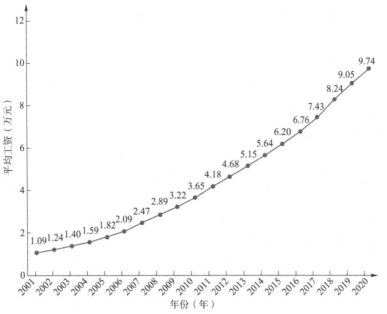

图 2-3　2001—2020 年城镇单位就业职工平均工资
注：数据来源于国家统计局网站。

2.2　基于灰色模型的我国汽车保险业发展趋势预测

2.2.1　灰色预测模型理论分析

灰色 GM(1,1)模型是邓聚龙教授于 20 世纪 80 年代提出来的,其为单序列一阶线性动态模型,是一种计算简单、适用性广的预测模型,属于用于控制和预测的新理论、新技术。而灰色马尔科夫模型适用于时间较长、数据的随机性和波动性较大的预测情况。灰色模型以 GM(1,1)模型为核心,为研究灰色系统提供了非常重要的预测方法,可以用来揭示预测数列的发展变化总趋势。灰色 GM(1,1)模型是基于随机的原始时间序列,按时间来累加形成新的时间序列,并可用一阶线性微分方程的解来逼近,对于不适用灰色 GM(1,1)模型的指标,利用灰色马尔可夫模型进行修正预测。建模步骤如下。

2.2.1.1　灰色 GM(1,1)建模

若记 $X^{(0)}$ 为历年财产保险保费收入的统计序列,即:

$$X^{(0)} = \{X^{(0)}(1), X^{(0)}(2), \cdots, X^{(0)}(n)\} \tag{2-2}$$

对 $X^{(0)}$ 作 1 次累加生成,令:

$$X^{(1)}(t) = \sum_{t=1}^{t} X^{(0)}(t) \tag{2-3}$$

即:

$$X^{(1)} = \{X^{(1)}(1, X^{(1)}(2), \cdots, X^{(1)}(n)\}$$
$$= \{X^{(0)}(1), \sum_{t=1}^{2} X^{(0)}(t), \cdots, \sum_{t=1}^{n} X^{(0)}(t)\} \tag{2-4}$$

若记 $X^{(m)}$ 为 $X^{(0)}$ 作 m 次累加生成后的生成序列,则:

$$X^{(m)}(1) = \sum_{t=1}^{t} X^{(m-1)}(t) \tag{2-5}$$

$$\begin{aligned}X^{(m)} &= \{X^{(m)}(1), X^{(m)}(2), \cdots, X^{(m)}(n)\} \\ &= \{X^{(m-1)}(1), \sum_{t=1}^{2} X^{(m-1)}(t), \cdots, \sum_{t=1}^{n} X^{(m-1)}(t)\}\end{aligned} \tag{2-6}$$

在灰色模型中,一般只作 1 次累加。

对于汽车保险各统计指标的预测,应该是随时间变化的单个变量的模型。因此,可以用一阶的单个变量的微分方程来作为预测模型,即 GM(1,1)。

对 $X^{(1)}(1)$ 建立 GM(1,1) 对应的线性微分方程为:

$$\frac{\mathrm{d}x^{(1)}}{\mathrm{d}t} + aX^{(1)} = u \tag{2-7}$$

其中:t 为时间序列;a、u 为待估参数。

解该微分方程,得:

$$X^{(1)}(t) = \left[X^{(0)}(1) - \frac{u}{a}\right]\mathrm{e}^{-at} + \frac{u}{a} \tag{2-8}$$

其中:$X^{(0)}(1) = X^{(1)}(1)$ 为初始值。

由最小二乘法求解待估参数 a, u:

$$\begin{pmatrix} a \\ u \end{pmatrix} = (B^T B)^{-1} B^T Y \tag{2-9}$$

式(2-4)中 Y 和 B 分别为:

$$Y = [X^{(0)}(2), X^{(0)}(3), \cdots, X^{(0)}(n)]^T \tag{2-10}$$

$$B = \begin{bmatrix} -\frac{1}{2}[X^{(1)}(2)+X^{(1)}(1)] & -\frac{1}{2}[X^{(1)}(3)+X^{(1)}(2)] & \cdots & -\frac{1}{2}[X^{(1)}(n)+X^{(1)}(n-1)] \\ 1 & 1 & \cdots & 1 \end{bmatrix}^T \tag{2-11}$$

根据 GM(1,1) 模型可以求出一次累加生成量 $X^{(1)}(t)$ 的预测模型值:

$$\widehat{X}^{(1)}(t) = \left[X^{(0)}(1) - \frac{u}{a}\right]\mathrm{e}^{-at} + \frac{u}{a}, t = 1, 2, \cdots, n \tag{2-12}$$

由于:

$$\widehat{X}^{(1)}(t) = \sum_{t}^{n} \widehat{X}^{(1)}(t), t = 1, 2, \cdots, n \tag{2-13}$$

因此得到原始数据模型值为:

$$\widehat{X}^{(0)}(t) = \widehat{X}^{(1)}(t) - \widehat{X}^{(1)}(t-1) \tag{2-14}$$

2.2.1.2 GM(1,1)精度检验

采用后验法检验和小误差概率对所构建的灰色预测模型进行检验。令预测值 $\widehat{X}^{(0)}(t)$ 与初始值 $X^{(0)}(t)$ 误差为 $q(t) = \widehat{X}^{(0)}(t) - X^{0}(t), (t = 1,2,3,\cdots,n)$,则预测序列与原始序列之间的相对误差序列 $Q = \frac{q(t)}{X^{(0)}(i)}$,并对相对误差序列求平均值。

误差均值与方差为:

$$\bar{q} = \frac{1}{n}\sum_{i=1}^{n}q(t) \tag{2-15}$$

$$S_1^2 = \frac{1}{n}\sum_{i=1}^{n}[q(t)-\bar{q}]^2 \tag{2-16}$$

原始数列的均值与方差:

$$\bar{X} = \frac{1}{n}\sum_{i=1}^{n}X^{(0)}(t) \tag{2-17}$$

$$S_2^2 = \frac{1}{n}\sum_{i=1}^{n}[X^{(0)}(t)-\bar{X}]^2 \tag{2-18}$$

然后利用下列公式计算后验差比值 C 与小概率误差 p:

$$C = \frac{S_1}{S_2} \tag{2-19}$$

$$p = P\{|q(t)-\bar{q}|<0.6745 S_2\} \tag{2-20}$$

根据后验差比值 C 和小误差频率 P 数值的大小,将预测精度划分为 4 个等级,分别为好、合格、勉强、不合格。具体精度检验等级划分见表 2-7。

预测精度检验等级参照表　　　　　　　　　　　表 2-7

预测精度等级	P 值	C 值
好	P>0.95	C<0.35
合格	P>0.80	C<0.45
勉强	P>0.70	C<0.65
不合格	P≤0.70	C≥0.65

2.2.1.3　建立残差绝对值序列的 GM(1,1)模型

由以上分析得到残差绝对值序列为:

$$\varepsilon^{(0)}(t) = |x^{(0)}(t)-\hat{x}^{(0)}(t-1)|, t=1,2,\cdots,n \tag{2-21}$$

令残差绝对值的累加序列 $\varepsilon^{(1)}(t) = \{\varepsilon^{(1)}(1),\varepsilon^{(1)}(2),\cdots,\varepsilon^{(1)}(n)\}$;然后对 $\varepsilon^{(1)}(t)$ 建立 GM(1,1)模型,对应的线性微分方程为:

$$\frac{d\varepsilon^{(1)}}{dt} + a_1\varepsilon^{(1)} = u_1 \tag{2-22}$$

其中: a_1、u_1 为待估参数。

得到微分方程为:

$$\varepsilon^{(1)}(t) = \left[\varepsilon^{(0)}(1) - \frac{u_1}{a_1}\right]e^{-a_1 t} + \frac{u_1}{a_1} \tag{2-23}$$

由最小二乘法求解待估参数 a_1, u_1:

$$\begin{pmatrix} a_1 \\ u_1 \end{pmatrix} = (B_1^T B_1)^{-1} B_1^T Y_1 \tag{2-24}$$

式(2-24)中 Y_1 和 B_1 分别为:

$$Y_1 = (\varepsilon^{(0)}(2), \varepsilon^{(0)}(3), \cdots, \varepsilon^{(0)}(n))^T \quad (2-25)$$

$$B_1 = \begin{bmatrix} -\frac{1}{2}(\varepsilon^{(1)}(2)+\varepsilon^{(1)}(1)) & -\frac{1}{2}(\varepsilon^{(1)}(3)+\varepsilon^{(1)}(2)) & \cdots & -\frac{1}{2}(\varepsilon^{(1)}(n)+\varepsilon^{(1)}(n-1)) \\ 1 & 1 & \cdots & 1 \end{bmatrix}^T$$

$$(2-26)$$

由此得到改进后的原始数据的预测值为:

$$\widehat{x}^{(0)}(t+1) = (1-e^a)\left[x^{(0)}(1) - \frac{u}{a}\right]e^{at} + \mathrm{sgn}(t+1)(1-e^{a_1})\left[\varepsilon^{(0)}(1) - \frac{u_1}{a_1}\right]e^{-a_1 t} \quad (2-27)$$

式(2-27)中的符号函数为:

$$\mathrm{sgn}(t+1) = \begin{cases} -1, x^{(0)}(t+1) - \widehat{x}^{(0)}(t+1) < 0 \\ 0, x^{(0)}(t+1) - \widehat{x}^{(0)}(t+1) = 0 \\ 1, x^{(0)}(t+1) - \widehat{x}^{(0)}(t+1) > 0 \end{cases} \quad (2-28)$$

由以上分析可知,当 $1 \leq t \leq n$ 时,$\mathrm{sgn}(t)$ 的值可以由原残差的符号确定。因此,正确预测 $t > n$ 时 $\mathrm{sgn}(t)$ 值的概率是提高灰色预测精度的关键。

根据马尔科夫理论,对于时间和状态都离散的马尔科夫过程称为马尔科夫链。马尔科夫的过程是研究系统的状态以及状态转移,即状态转移概率。

由状态转移概率组成马氏链的转移概率矩阵如下:

$$P = \begin{bmatrix} P_{11} & P_{12} & \cdots & P_{1n} \\ P_{21} & P_{22} & \cdots & P_{2n} \\ \vdots & \vdots & & \vdots \\ P_{n1} & P_{n2} & \cdots & P_{nn} \end{bmatrix} \quad (2-29)$$

其中:状态转移概率满足 $p_{ij} \geq 0$,$\sum_{j=1}^{n} p_{ij} = 1$,$p_{ij}$ 表示状态 i 转移到状态 j 的概率。

在此基础上,用马尔科夫过程求解残差状态转移的概率,确定计算预测值时残差的符号。在此确定三种状态:①残差等于零,状态取 1;②残差等于正,状态取 2;③残差等于负,状态取 3。然后构建状态转移矩阵。

2.2.2 汽车保险发展水平评价指标预测与结果分析

2.2.2.1 我国汽车保险密度预测与结果分析

(1)模型构建。

以表 2-2 中 2011—2020 年我国汽车保险密度数据作为原始数据可得汽车保险密度累加序列的预测模型为:

$$x^{(1)}(t+1) = 4280.51 e^{0.0766t} - 4020.7 \quad (2-30)$$

从而得到原始数据的模型为:

$$x^{(0)}(t+1) = (1-e^{0.0766}) 4280.51 e^{-0.0766t} \quad (2-31)$$

(2)精度检验。

利用后验差和小误差概率联合检验,其计算结果为:后验差比值 $C = 0.3 < 0.35$,小误差概率 $P = 1 > 0.80$。

因此，上述建立的 GM(1,1) 预测模型通过精度检验，且由表 2-7 可知预测模型精度好。

(3) 数据预测。

利用所建预测模型，对 2021—2025 年数据进行预测。分别令 $t=10$、11、12、13、14，具体预测结果见表 2-8。

2021—2025 年汽车保险密度数据　　表 2-8

年份(年)	2021	2022	2023	2024	2025
车险密度(元/人)	679.09	733.16	791.54	854.56	922.60

(4) 结论。

①通过对 2011—2020 年我国汽车保险密度数据进行统计分析，构建了我国汽车保险密度 GM(1,1) 预测模型，并通过模型精度检验证明，证明 GM(1,1) 预测模型非常适合我国汽车保险密度数据的预测。

②研究结果表明：我国汽车保险密度在未来五年逐年递增，2025 年比 2021 年增长了 35.86%，说明了我国汽车保险未来仍有很大的发展空间。

2.2.2.2　我国汽车保险深度预测与结果分析

(1) 模型构建。

以表 2-2 中 2011—2020 年我国汽车保险深度数据为原始数据可得汽车保险深度累加序列的预测模型为：

$$\widehat{x}^{(1)}(t+1) = 1.2496\,e^{0.0066t} - 1.2424 \tag{2-32}$$

从而得到原始数据的模型为：

$$\widehat{x}^{(0)}(t+1) = (1-e^{-0.0066})1.2496\,e^{0.0066t} \tag{2-33}$$

(2) 精度检验。

利用后验差和小误差概率联合检验，其计算结果为：后验差比值 $C=0.82>0.65$，小误差概率 $P=0<0.70$。因此，上述建立的 GM(1,1) 预测模型未通过精度检验，且由表 2-7 可知预测模型精度不合格。

由于，GM(1,1) 模型不适用于时间较长、数据的随机性和波动性较大的预测情况，需要对 GM(1,1) 预测模型进行修正。

(3) 建立残差绝对值序列的 GM(1,1) 模型。

通过计算分析得到汽车保险深度的 GM(1,1) 模型值及残差见表 2-9。

汽车保险深度的 GM(1,1) 模型值及残差　　表 2-9

年份(年)	模型值	实际值	残差
2011	0.0072	0.0072	0.0000
2012	0.0082	0.0074	-0.0008
2013	0.0083	0.008	-0.0003
2014	0.0083	0.0086	0.0003
2015	0.0084	0.009	0.0006

续上表

年份(年)	模型值	实际值	残差
2016	0.0085	0.0092	0.0007
2017	0.0085	0.009	0.0005
2018	0.0086	0.0085	-0.0001
2019	0.0086	0.0083	-0.0003
2020	0.0087	0.0081	-0.0006

对残差的绝对值建立 GM(1,1)模型,可得出汽车保险深度修正模型为:

$$\hat{x}^{(0)}(t+1) = (1 - e^{-0.0066})1.2496e^{0.0066t} + \text{sgn}(t+1)(e^{0.0552t} - 1)0.0107e^{-0.0552t} \quad (2-34)$$

通过此模型得到汽车保险深度修正模型值及残差,结果见表 2-10。

汽车保险深度修正模型值及残差　　表 2-10

年份(年)	修正模型值	实际值	残差
2011	0.0072	0.0072	0.0000
2012	0.0076	0.0074	-0.0002
2013	0.0078	0.008	0.0002
2014	0.0088	0.0086	-0.0002
2015	0.0089	0.009	0.0001
2016	0.0090	0.0092	0.0002
2017	0.0089	0.009	0.0001
2018	0.0082	0.0085	0.0003
2019	0.0082	0.0083	0.0001
2020	0.0083	0.0081	-0.0002

(4) 状态划分。

依据原始数据与 GM(1,1)预测值的残差符号划分为三种状态,结果见表 2-11。

实际值与 GM(1,1)预测值的对照表　　表 2-11

年份(年)	GM(1,1)预测值	实际值	残差	所处状态	下一步转向状态	下二步转向状态	下三步转向状态
2011	0.0072	0.0072	0.0000	1	3	3	2
2012	0.0082	0.0074	-0.0008	3	3	2	2
2013	0.0083	0.008	-0.0003	3	2	2	2
2014	0.0083	0.0086	0.0003	2	2	2	2
2015	0.0084	0.009	0.0006	2	2	2	3
2016	0.0085	0.0092	0.0007	2	2	3	3
2017	0.0085	0.009	0.0005	2	3	3	3
2018	0.0086	0.0085	-0.0001	3	3	3	—

续上表

年份（年）	GM(1,1)预测值	实际值	残差	所处状态	下一步转向状态	下二步转向状态	下三步转向状态
2019	0.0086	0.0083	−0.0003	3	3	—	—
2020	0.0087	0.0081	−0.0006	3	—	—	—

（5）构建状态转移概率矩阵 $\boldsymbol{P}$。

$$\boldsymbol{P}(1) = \begin{bmatrix} 0 & 0 & 1 \\ 0 & \frac{3}{4} & \frac{1}{4} \\ 0 & \frac{1}{3} & \frac{2}{3} \end{bmatrix} \quad \boldsymbol{P}(2) = \begin{bmatrix} 0 & 0 & 1 \\ 0 & \frac{1}{2} & \frac{1}{2} \\ 0 & \frac{2}{3} & \frac{1}{3} \end{bmatrix} \quad \boldsymbol{P}(3) = \begin{bmatrix} 0 & 1 & 0 \\ 0 & \frac{1}{4} & \frac{3}{4} \\ 0 & 1 & 0 \end{bmatrix}$$

（6）数据预测。

通过以上计算对2011—2020年的数据进行马尔科夫修正模型预测，对马尔科夫修正值与实际值间相对误差的绝对值和灰色预测值与实际值间相对误差的绝对值进行比较，验证其精度，预测结果对比见表2-12。

预测结果对比表　　　　　　　　　　　　　　　表2-12

年份（年）	实际值	预测值	相对误差（%）	修正值	修正值相对误差（%）
2011	0.0072	0.0072	0.00	0.0072	0.00
2012	0.0074	0.0082	11.29	0.0076	3.19
2013	0.008	0.0083	3.62	0.0078	2.63
2014	0.0086	0.0083	2.97	0.0088	2.84
2015	0.009	0.0084	6.68	0.0089	1.12
2016	0.0092	0.0085	8.10	0.0090	2.67
2017	0.009	0.0085	5.44	0.0089	1.00
2018	0.0085	0.0086	0.78	0.0082	3.93
2019	0.0083	0.0086	3.88	0.0082	0.94
2020	0.0081	0.0087	7.15	0.0083	2.21
平均值			4.99	—	2.05

由表2-12可知，灰色马尔科夫链模型预测汽车保险深度的相对误差较小，预测精度较高。令 $t=10$、11、12、13、14，可得到2021—2025年的马尔科夫修正预测值，详细结果见表2-13。

2021—2025年我国汽车保险深度马尔科夫修正预测值　　　表2-13

年份（年）	2021	2022	2023	2024	2025
预测值	0.0084	0.0091	0.0092	0.0092	0.0093

（7）结论。

①鉴于GM(1,1)模型预测的精度检验结果不理想，使用马尔科夫链的状态转移概率矩

阵,构建了汽车保险深度灰色马尔科夫预测模型。灰色马尔科夫预测模型的相对误差减小,预测精度较 GM(1,1)模型有较大改进。

②研究结果表明:我国汽车保险深度在未来五年逐年递增,2025 年比 2021 年增长了 10.71%,这说明了我国汽车保险未来仍有很大的发展空间。

2.2.2.3 我国需求收入弹性预测与结果分析

(1)模型构建。

以表 2-3 中 2011—2020 年我国需求收入弹性值数据为原始数据,可得需求收入弹性累加序列的预测模型为:

$$x^{(1)}(t+1) = -12.96 e^{-0.1263t} + 13.94 \quad (2-35)$$

从而得到原始数据的模型为:

$$x^{(0)}(t+1) = (1 - e^{-0.1263}) \times (-12.96) e^{0.1263t} \quad (2-36)$$

(2)精度检验。

利用后验差和小误差概率联合检验,其计算结果为:后验差比值 $C = 0.75 \geq 0.65$,小误差概率 $P = 0 \leq 0.70$。因此,上述建立的 GM(1,1)预测模型未通过精度检验,且由表 2-7 可知预测模型精度不合格。

由于,GM(1,1)预测模型不适用于时间较长、数据随机性和波动性较大的预测情况,需要对 GM(1,1)预测模型进行修正。

(3)建立残差绝对值序列的 GM(1,1)模型。

通过计算分析得到需求收入的 GM(1,1)模型值及残差见表 2-14。

需求收入弹性的 GM(1,1)模型值及残差   表 2-14

年份(年)	模型值	实际值	残差
2011	0.98	0.98	0.00
2012	1.54	1	-0.54
2013	1.35	1.55	0.20
2014	1.19	1.55	0.36
2015	1.05	1.31	0.26
2016	0.93	1.12	0.19
2017	0.82	1.04	0.22
2018	0.72	0.46	-0.26
2019	0.63	0.49	-0.14
2020	0.56	0.14	-0.42

对残差的绝对值建立 GM(1,1)模型可得出需求收入弹性修正模型为:

$$\hat{x}^{(0)}(t+1) = (1 - e^{-0.1263}) \times (-12.96) e^{0.1263t} + \text{sgn}(t+1)(e^{0.0628t} - 1) 5.9621 e^{-0.0628t} \quad (2-37)$$

通过此模型得到需求收入弹性修正模型值及残差,结果见表 2-15。

需求收入弹性修正模型值及残差　　　　　　　　　　表2-15

年份(年)	修正模型值	实际值	残差
2011	0.98	0.98	0.00
2012	1.17	1	−0.17
2013	1.70	1.55	−0.15
2014	1.51	1.55	0.04
2015	1.35	1.31	−0.04
2016	1.21	1.12	−0.09
2017	1.08	1.04	−0.04
2018	0.47	0.46	−0.01
2019	0.40	0.49	0.09
2020	0.34	0.14	−0.20

(4)状态划分。

依据原始数据(实际值)与GM(1,1)预测值的残差符号划分为三种状态,结果见表2-16。

实际值与GM(1,1)预测值的对照表　　　　　　　　　　表2-16

年份(年)	GM(1,1)预测值	实际值	残差	所处状态	下一步转向状态	下二步转向状态	下三步转向状态
2011	0.98	0.98	0.00	1	3	2	2
2012	1.54	1	−0.54	3	2	2	2
2013	1.35	1.55	0.20	2	2	2	2
2014	1.19	1.55	0.36	2	2	2	3
2015	1.05	1.31	0.26	2	2	2	3
2016	0.93	1.12	0.19	2	2	3	3
2017	0.82	1.04	0.22	2	3	3	3
2018	0.72	0.46	−0.26	3	3	3	—
2019	0.63	0.49	−0.14	3	3	—	—
2020	0.56	0.14	−0.42	3	—	—	—

(5)构建状态转移概率矩阵P。

$$P(1) = \begin{bmatrix} 0 & 0 & 1 \\ 0 & \frac{4}{5} & \frac{1}{5} \\ 0 & \frac{1}{3} & \frac{2}{3} \end{bmatrix} \quad P(2) = \begin{bmatrix} 0 & 1 & 0 \\ 0 & \frac{2}{5} & \frac{3}{5} \\ 0 & \frac{1}{2} & \frac{1}{2} \end{bmatrix} \quad P(3) = \begin{bmatrix} 0 & 1 & 0 \\ 0 & \frac{2}{5} & \frac{3}{5} \\ 0 & 1 & 0 \end{bmatrix}$$

(6)数据预测。

通过以上计算,对2011—2020年数据进行马尔科夫修正模型的预测,对马尔科夫修正值与实际值之间的相对误差的绝对值,与灰色预测值与实际值之间的相对误差的绝对值进行比较,验证其精度,预测结果对比见表2-17。

预测结果对比表　　　　　　　　　　　表2-17

年份(年)	实际值	预测值	相对误差(%)	修正值	相对误差(%)
2011	0.98	0.98	0.00	0.98	0.00
2012	1	1.54	53.74	1.17	17.45
2013	1.55	1.35	12.59	1.70	9.40
2014	1.55	1.19	22.96	1.51	2.31
2015	1.31	1.05	19.66	1.35	3.28
2016	1.12	0.93	17.18	1.21	8.02
2017	1.04	0.82	21.40	1.08	4.09
2018	0.46	0.72	56.62	0.47	2.49
2019	0.49	0.63	29.58	0.40	18.14
2020	0.14	0.56	299.72	0.34	142.87
平均值			53.34		20.81

由表2-17可知,灰色马尔科夫链模型预测需求收入的相对误差较小,预测精度较高。令 $t=10、11、12、13、14$,可得到2021—2025年的马尔科夫修正预测值,详细结果见表2-18。

2021—2025年我国需求收入弹性马尔科夫修正预测值　　　表2-18

年份(年)	2021	2022	2023	2024	2025
修正值	0.29	0.19	0.56	0.51	0.14

(7)结论。

①鉴于GM(1,1)模型预测的精度检验结果不理想,使用马尔科夫链的状态转移概率矩阵,构建需求收入弹性灰色马尔科夫预测模型。灰色马尔科夫预测模型的相对误差减小,预测精度较GM(1,1)模型有较大改进。

②研究结果表明:我国车险需求收入弹性在未来五年一直处于0~1,说明了我国汽车保险未来仍有很大的发展空间,人们对车险的需求也逐渐增大。

2.2.3 汽车保险经营评价指标预测与结果分析

2.2.3.1 我国车险保费收入预测与结果分析

(1)模型构建。

以表1-2中2011—2020年我国车险保费收入数据作为原始数据可得车险保费收入累加序列的预测模型为:

$$x^{(1)}(t+1) = 55382.76 e^{0.0808t} - 51878.20 \quad (2-38)$$

从而得到原始数据的模型为:

$$x^{(0)}(t+1) = (1-e^{-0.0808})55382.76 e^{0.0808t} \quad (2-39)$$

(2)精度检验。

利用后验差和小误差概率联合检验,其计算结果为后验差比值 $C=0.26<0.35$,小误差概率 $P=1>0.95$。

因此,上述建立的 GM(1,1)预测模型通过精度检验,且由表 2-7 可知预测模型精度好。

(3)数据预测。

利用所建预测模型,对 2021—2025 年数据进行预测。分别令 $t=10、11、12、13、14$,具体预测结果见表 2-19。

2021—2025 年车险保费收入数据　　　　　　　　　　　　　　　　表 2-19

年份(年)	2021	2022	2023	2024	2025
车险保费收入(亿元)	9646.40	10458.41	11338.78	12293.25	13328.06

(4)结论。

①通过对 2011—2020 年我国车险保费收入数据进行统计分析,构建了我国车险保费收入 GM(1,1)预测模型,并通过模型精度检验证明,GM(1,1)预测模型非常适合我国车险保费收入数据的预测。

②研究结果表明:我国车险保费收入在未来五年呈逐年递增的趋势,年均增长率达 10.13%,说明我国汽车保险未来还有很大发展空间。

2.2.3.2　我国车险赔款预测与结果分析

(1)模型构建。

以表 1-8 中 2011—2020 年我国车险赔款数据作为原始数据可得车均赔款累加序列的预测模型为:

$$x^{(1)}(t+1) = 28509.12 e^{0.0849t} - 26758.20 \tag{2-40}$$

从而得到原始数据的模型为:

$$x^{(0)}(t+1) = (1 - e^{-0.0849}) 28509.12 e^{0.0849t} \tag{2-41}$$

(2)精度检验。

利用后验差和小误差概率联合检验,其计算结果为:后验差比值 $C=0.17<0.35$,小误差概率 $P=1>0.95$。

因此,上述建立的 GM(1,1)预测模型通过精度检验,且由表 2-7 可知预测模型精度好。

(3)数据预测。

利用所建预测模型,对 2021—2025 年数据进行预测。分别令 $t=10、11、12、13、14$,具体预测结果见表 2-20。

2021—2025 年车险赔款数据　　　　　　　　　　　　　　　　表 2-20

年份(年)	2021	2022	2023	2024	2025
车险赔款(亿元)	5425.61	5906.56	6430.14	7000.13	7620.65

(4)结论。

①通过对 2011—2020 年我国车险赔款数据进行统计分析,构建了我国车险赔款 GM(1,1)预测模型,并通过模型精度检验证明,GM(1,1)预测模型非常适合我国车险赔款数据的预测。

②研究结果表明:我国车险赔款在未来五年逐年递增,从 2021 年的 5425.61 亿元增长到 2025 年的 7620.65 亿元,说明被保险人的利益保障在逐步提升。

2.2.3.3 我国车险赔付率预测与结果分析

(1)模型构建。

以表1-8中2011—2020年我国车险赔付率数据作为原始数据可得车险赔付率累加序列的预测模型为：

$$x^{(1)}(t+1) = 78811.25\,e^{0.0007t} - 78761.29 \tag{2-42}$$

从而得到原始数据的模型为：

$$x^{(0)}(t+1) = (1-e^{-0.0007})78811.25\,e^{0.0007t} \tag{2-43}$$

(2)精度检验。

利用后验差和小误差概率联合检验，其计算结果为：后验差比值$C=0.75 \geqslant 0.65$，小误差概率$P=0 \leqslant 0.70$。

因此，上述建立的GM(1,1)预测模型未通过精度检验，且由表2-7可知预测模型精度不合格。

由于，GM(1,1)模型不适用于时间较长、数据的随机性和波动性较大的预测情况，需要对GM(1,1)预测模型进行修正。

(3)建立残差绝对值序列的GM(1,1)模型。

通过计算分析得到车险赔付率的GM(1,1)模型值及残差见表2-21。

车险赔付率的GM(1,1)模型值及残差　　表2-21

年份(年)	模型值	实际值	残差
2011	49.96	49.96	0.00
2012	55.18	56.12	0.94
2013	55.22	57.61	2.39
2014	55.26	54.87	-0.39
2015	55.30	53.81	-1.49
2016	55.33	53.38	-1.95
2017	55.37	52.36	-3.01
2018	55.41	56.19	0.78
2019	55.44	56.34	0.90
2020	55.48	57.32	1.84

对残差的绝对值建立GM(1,1)模型可得出车险赔付率修正模型为：

$$\widehat{x}^{(0)}(t+1) = (1-e^{-0.0007})78811.25\,e^{0.0007t} + \operatorname{sgn}(t+1)(1-e^{-0.0144})98.90e^{0.0144t} \tag{2-44}$$

通过此模型得到车险赔付率修正模型值及残差，结果见表2-22。

车险赔付率修正模型值及残差　　表2-22

年份(年)	修正模型值	实际值	残差
2011	49.96	49.96	0.00
2012	56.62	56.12	-0.50
2013	56.68	57.61	0.93

续上表

年份(年)	修正模型值	实际值	残差
2014	53.78	54.87	1.09
2015	53.80	53.81	0.01
2016	53.81	53.38	−0.43
2017	53.83	52.36	−1.47
2018	56.97	56.19	−0.78
2019	57.03	56.34	−0.69
2020	57.09	57.32	0.23

(4)状态划分。

依据2011—2020年原始数据(实际值)与GM(1,1)预测值的残差符号划分为三种状态,结果见表2-23。

实际值与GM(1,1)预测值的对照表　　　　表2-23

年份(年)	GM(1,1)预测值	实际值	残差	所处状态	下一步转向状态	下二步转向状态	下三步转向状态
2011	49.96	49.96	0.00	1	2	2	3
2012	55.18	56.12	0.94	2	2	3	3
2013	55.22	57.61	2.39	2	3	3	3
2014	55.26	54.87	−0.39	3	3	3	3
2015	55.30	53.81	−1.49	3	3	3	2
2016	55.33	53.38	−1.95	3	3	2	2
2017	55.37	52.36	−3.01	3	2	2	2
2018	55.41	56.19	0.78	2	2	2	—
2019	55.44	56.34	0.90	2	2	—	—
2020	55.48	57.32	1.84	2	—	—	—

(5)构建状态转移概率矩阵 P。

$$P(1)=\begin{bmatrix} 0 & 1 & 0 \\ 0 & \frac{3}{4} & \frac{1}{4} \\ 0 & \frac{1}{4} & \frac{3}{4} \end{bmatrix} \quad P(2)=\begin{bmatrix} 0 & 1 & 0 \\ 0 & \frac{1}{3} & \frac{2}{3} \\ 0 & \frac{1}{2} & \frac{1}{2} \end{bmatrix} \quad P(3)=\begin{bmatrix} 0 & 0 & 1 \\ 0 & 0 & 1 \\ 0 & \frac{3}{4} & \frac{1}{4} \end{bmatrix}$$

(6)数据预测。

通过以上计算对2011—2020年数据进行马尔科夫修正模型的预测,对马尔科夫修正值与实际值之间的相对误差的绝对值,与灰色预测值与实际值之间的相对误差的绝对值进行比较,验证其精度,预测结果对比见表2-24。

预测结果对比表　　　　　　　　　　　　表 2-24

年份(年)	实际值	预测值	相对误差(%)	修正值	相对误差(%)
2011	49.96	49.96	0.00	49.96	0.00
2012	56.12	55.18	1.67	56.62	0.89
2013	57.61	55.22	4.15	56.68	1.62
2014	54.87	55.26	0.71	53.78	1.98
2015	53.81	55.30	2.76	53.80	0.02
2016	53.38	55.33	3.66	53.81	0.81
2017	52.36	55.37	5.75	53.83	2.81
2018	56.19	55.41	1.39	56.97	1.39
2019	56.34	55.44	1.59	57.03	1.23
2020	57.32	55.48	3.21	57.09	0.40
平均值			2.49		1.11

由表 2-24 可知，灰色马尔科夫链模型预测车险赔付率的相对误差较小，预测精度较高。然后令 $t = 10、11、12、13、14$，可得到 2021—2025 年的马尔科夫修正预测值，详细结果见表 2-25。

2021—2025 年我国汽车保险业车险赔付率马尔科夫修正预测值　　　　表 2-25

年份(年)	2021	2022	2023	2024	2025
修正值	57.15	53.90	53.91	53.93	57.40

(7)结论。

①鉴于 GM(1,1)模型预测的精度检验结果不理想，使用马尔科夫链的状态转移概率矩阵，构建了车险深度灰色马尔科夫预测模型。灰色马尔科夫预测模型的相对误差减小，预测精度较 GM(1,1)模型有较大改进。

②研究结果表明：我国车险赔付率在未来五年仍然在一个比较高的水平上，2021—2025 年赔付率均在 50% 以上，说明我国汽车保险业未来仍需加强成本管控，对赔付高的车型进行重点分析，通过相关数据分析给业务部门提供承保意见，建议其谨慎承保。

2.2.3.4　我国车均保费预测与结果分析

(1)模型构建。

以表 2-4 中 2011—2020 年我国车均保费数据作为原始数据可得车均保费收入累加序列的预测模型为：

$$x^{(1)}(t+1) = 175913.7\,e^{0.0233t} - 172168.04 \quad (2-45)$$

从而得到原始数据的模型为：

$$x^{(0)}(t+1) = (1 - e^{0.0233})175913.7\,e^{0.0233t} \quad (2-46)$$

(2)精度检验。

利用后验差和小误差概率联合检验，其计算结果为：后验差比值 $C = 0.53 < 0.65$，小误

差概率 $P=1>0.70$。

因此,上述建立的 GM(1,1) 预测模型通过精度检验,且由表 2-7 可知预测模型精度勉强。

(3) 数据预测。

利用所建预测模型,对 2021—2025 年数据进行预测。分别令 $t=10、11、12、13、14$,具体预测结果见表 2-26。

2021—2025 年车均保费数据   表 2-26

年份(年)	2021	2022	2023	2024	2025
车均保费(元/辆)	3146.42	3074.07	3003.38	2934.32	2866.85

(4) 结论。

①通过对 2011—2020 年我国车均保费数据进行统计分析,构建了我国车均保费 GM(1,1) 预测模型,并通过模型精度检验证明,GM(1,1) 预测模型勉强适合我国车均保费数据的预测。

②研究结果表明:我国车均保费在未来五年逐年递减,2025 年比 2021 年减少了 8.89%,说明我国汽车保险业得到了进一步的发展。

2.2.3.5 我国车均赔款预测与结果分析

(1) 模型构建。

以表 2-4 中我国 2011—2020 年车均赔款数据作为原始数据可得车均赔款累加序列的预测模型为:

$$x^{(1)}(t+1)=95824.67\,e^{0.0236t}-93953.29 \qquad (2\text{-}47)$$

从而得到原始数据的模型为:

$$x^{(0)}(t+1)=(1-e^{-0.0236})95824.67\,e^{0.0236t} \qquad (2\text{-}48)$$

(2) 精度检验。

利用后验差和小误差概率联合检验,其计算结果为:后验差比值 $C=0.34<0.45$,小误差概率 $P=0.9>0.80$。

因此,上述建立的 GM(1,1) 预测模型通过精度检验,且由表 2-7 可知预测模型精度合格。

(3) 数据预测。

利用所建预测模型,对 2021—2025 年数据进行预测。分别令 $t=10、11、12、13、14$,具体预测结果见表 2-27。

2021—2025 年车均赔款数据   表 2-27

年份(年)	2021	2022	2023	2024	2025
车均赔款(元/辆)	1735.18	1694.56	1654.89	1616.15	1578.31

(4) 结论。

①通过对 2011—2020 年我国车均赔款数据进行统计分析,构建了我国车均赔款 GM(1,1) 预测模型,并通过模型精度检验证明,GM(1,1) 预测模型适合我国车均赔款数据的预测。

②研究结果表明:我国车均赔款在未来五年逐年递减,从2021年的1735.18元/辆下降到2025年的1578.31元/辆,侧面说明了我国国民的安全驾驶意识在逐步提高。

2.2.4 汽车事故损失程度评价指标预测与结果分析

2.2.4.1 我国机动车事故受伤人数预测与结果分析

(1)模型构建。

以表1-6中2011—2020年我国机动车事故受伤人数(万人)作为原始数据可得机动车事故受伤人数累加序列的预测模型为:

$$x^{(1)}(t+1) = 1275.79\,\mathrm{e}^{0.015t} - 1253.33 \tag{2-49}$$

从而得到原始数据的模型为:

$$x^{(0)}(t+1) = (1-\mathrm{e}^{-0.015})247.77\,\mathrm{e}^{0.015t} \tag{2-50}$$

(2)精度检验。

利用后验差和小误差概率联合检验,其计算结果为:后验差比值 $C = 0.83 > 0.65$,小误差概率 $P = 0 < 0.70$。因此,上述建立的GM(1,1)预测模型未通过精度检验,且由表2-7可知预测模型精度不合格。

由于,GM(1,1)预测模型不适用于时间较长、数据的随机性和波动性较大的预测情况,需要对GM(1,1)预测模型进行修正。

(3)建立残差绝对值序列的GM(1,1)模型。

通过计算分析得到机动车事故受伤人数的GM(1,1)模型值及残差,见表2-28。

机动车事故受伤人数的GM(1,1)模型值及残差　　　　表2-28

年份(年)	模 型 值	实 际 值	残　　差
2011	22.46	22.46	0.00
2012	19.41	21.06	1.65
2013	19.67	19.83	0.16
2014	19.93	19.49	-0.44
2015	20.19	18.15	-2.04
2016	20.46	20.54	0.08
2017	20.73	18.86	-1.87
2018	21.00	22.74	1.74
2019	21.28	22.13	0.85
2020	21.56	21.44	-0.12

对残差的绝对值建立GM(1,1)模型,可得出机动车事故受伤人数修正模型为:

$$\widehat{x}^{(0)}(t+1) = (1-\mathrm{e}^{-0.015})247.77\,\mathrm{e}^{0.015t} + \mathrm{sgn}(t+1)(\mathrm{e}^{0.0228t}-1)48.29\,\mathrm{e}^{-0.0228t} \tag{2-51}$$

通过此模型得到机动车事故受伤人数修正模型值及残差,结果见表2-29。

机动车事故受伤人数修正模型值及残差　　　　　　　　　　表 2-29

年份(年)	修正模型值	实 际 值	残　差
2011	22.46	22.46	0.00
2012	20.50	21.06	0.56
2013	20.73	19.83	-0.90
2014	18.89	19.49	0.60
2015	19.18	18.15	-1.03
2016	21.45	20.54	-0.91
2017	19.76	18.86	-0.90
2018	21.95	22.74	0.79
2019	22.21	22.13	-0.08
2020	20.65	21.44	0.79

(4)状态划分。

依据原始数据(实际值)与 GM(1,1)预测值的残差符号划分为 3 种状态,结果见表 2-30。

实际值与 GM(1,1)预测值的对照表　　　　　　　　　　表 2-30

年份(年)	GM(1,1)预测值	实际值	残差	所处状态	下一步转向状态	下二步转向状态	下三步转向状态
2011	22.46	22.46	0.00	1	2	2	3
2012	19.41	21.06	1.65	2	2	3	3
2013	19.67	19.83	0.16	2	3	3	2
2014	19.93	19.49	-0.44	3	3	2	2
2015	20.19	18.15	-2.04	3	2	3	2
2016	20.46	20.54	0.08	2	3	2	2
2017	20.73	18.86	-1.87	3	2	2	3
2018	21.00	22.74	1.74	2	2	3	—
2019	21.28	22.13	0.85	2	3	—	—
2020	21.56	21.44	-0.12	3	—	—	—

(5)构建状态转移概率矩阵 P。

$$P(1)=\begin{bmatrix} 0 & 1 & 0 \\ 0 & \frac{2}{5} & \frac{3}{5} \\ 0 & \frac{2}{3} & \frac{1}{3} \end{bmatrix} \quad P(2)=\begin{bmatrix} 0 & 1 & 0 \\ 0 & \frac{1}{4} & \frac{3}{4} \\ 0 & \frac{2}{3} & \frac{1}{3} \end{bmatrix} \quad P(3)=\begin{bmatrix} 0 & 0 & 1 \\ 0 & \frac{2}{3} & \frac{1}{3} \\ 0 & \frac{1}{3} & \frac{2}{3} \end{bmatrix}$$

(6)数据预测。

通过以上计算对 2011—2020 年数据进行马尔科夫修正模型的预测,对马尔科夫修正值与实际值间相对误差的绝对值和灰色预测值与实际值间相对误差的绝对值进行比较,验证其精度,预测结果对比见表 2-31。

预测结果对比表　　　　　　　　　　　　　　表2-31

年份(年)	实际值	预测值	相对误差(%)	修正值	相对误差(%)
2011	22.46	22.46	0.00	22.46	0.00
2012	21.06	19.41	7.83	20.50	2.64
2013	19.83	19.67	0.81	20.73	4.56
2014	19.49	19.93	2.26	18.89	3.08
2015	18.15	20.19	11.24	19.18	5.65
2016	20.54	20.46	0.39	21.45	4.44
2017	18.86	20.73	9.92	19.76	4.76
2018	22.74	21.00	7.65	21.95	3.47
2019	22.13	21.28	3.84	22.21	0.34
2020	21.44	21.56	0.56	20.65	3.68
平均值			4.45	—	3.26

由表2-31可知,灰色马尔科夫链模型预测机动车事故受伤人数的相对误差较小,预测精度较高。令 $t=10、11、12、13、14$,可得到2021—2025年的马尔科夫修正预测值,详细结果见表2-32。

2021—2025年我国机动车事故受伤人数马尔科夫修正预测值　　　　表2-32

年份(年)	2021	2022	2023	2024	2025
预测值(万人)	22.73	23.00	21.57	23.54	23.83

(7)结论。

①鉴于GM(1,1)模型预测的精度检验结果不理想,使用马尔科夫链的状态转移概率矩阵,构建了车险深度灰色马尔科夫预测模型。灰色马尔科夫预测模型的相对误差减小,预测精度较GM(1,1)模型有较大改进。

②研究结果表明:我国机动车事故受伤人数在未来五年整体呈递增趋势,从2021年的22.73万人增长到2025年的23.83万人,进一步说明了我国居民的交通安全意识需待进一步提高,侧面说明了未来几年我国保险需求会逐渐增加。

2.2.4.2　我国机动车事故死亡人数预测与结果分析

(1)模型构建。

以表1-7中2011—2020年我国机动车事故死亡人数(万人)为原始数据,可得机动车事故死亡人数累加序列的预测模型为:

$$x^{(1)}(t+1) = 1790.64\,e^{0.0031t} - 1784.66 \tag{2-52}$$

从而得到原始数据的模型为:

$$x^{(0)}(t+1) = (1-e^{-0.0031})1790.64\,e^{0.0031t} \tag{2-53}$$

(2)精度检验。

利用后验差和小误差概率联合检验,其计算结果为:后验差比值 $C=0.84 \geqslant 0.65$,小误差概率 $P=0.4 \leqslant 0.70$。

因此，上述建立的 GM(1,1) 预测模型未通过精度检验，且由表 2-7 可知预测模型精度不合格。

由于，GM(1,1) 预测模型不适用于时间较长、数据的随机性和波动性较大的预测情况，需要对预测模型进行修正。

(3) 建立残差绝对值序列的 GM(1,1) 模型。

通过计算分析得到机动车事故死亡人数的 GM(1,1) 模型值及残差，见表 2-33。

机动车事故死亡人数的 GM(1,1) 模型值及残差　　　　表 2-33

年份(年)	模 型 值	实 际 值	残 差
2011	5.97	5.97	0.00
2012	5.60	5.73	0.12
2013	5.62	5.53	−0.09
2014	5.64	5.49	−0.15
2015	5.66	5.43	−0.23
2016	5.67	5.88	0.21
2017	5.69	5.92	0.22
2018	5.71	5.81	0.10
2019	5.73	5.69	−0.04
2020	5.75	5.60	−0.15

对残差的绝对值建立 GM(1,1) 模型，可得出机动车事故死亡人数修正模型为：

$$\hat{x}^{(0)}(t+1) = (1-e^{-0.0031})1790.64\,e^{0.0031t} + \mathrm{sgn}(t+1)(e^{0.0140t}-1)10.9941\,e^{-0.0140t} \tag{2-54}$$

通过此模型得到机动车事故死亡人数修正模型值及残差，结果见表 2-34。

机动车事故死亡人数修正模型值及残差　　　　表 2-34

年份(年)	修正模型值	实 际 值	残 差
2011	5.97	5.97	0.00
2012	5.76	5.73	−0.03
2013	5.47	5.53	0.06
2014	5.49	5.49	0.00
2015	5.51	5.43	−0.08
2016	5.82	5.88	0.06
2017	5.84	5.92	0.08
2018	5.85	5.81	−0.04
2019	5.59	5.69	0.10
2020	5.61	5.60	−0.01

(4) 状态划分。

依据原始数据的残差符号划分为三种状态，结果见表 2-35。

实际值与 GM(1,1) 预测值的对照表 表 2-35

年份(年)	GM(1,1)预测值	实际值	残差	所处状态	下一步转向状态	下二步转向状态	下三步转向状态
2011	5.97	5.97	0.00	1	2	3	3
2012	5.60	5.73	0.12	2	3	3	3
2013	5.62	5.53	−0.09	3	3	3	2
2014	5.64	5.49	−0.15	3	3	2	2
2015	5.66	5.43	−0.23	3	2	2	2
2016	5.67	5.88	0.21	2	2	2	3
2017	5.69	5.92	0.22	2	2	3	3
2018	5.71	5.81	0.10	2	3	3	—
2019	5.73	5.69	−0.04	3	3	—	—
2020	5.75	5.60	−0.15	3	—	—	—

(5) 构建状态转移概率矩阵 P。

$$P(1)=\begin{bmatrix} 0 & 1 & 0 \\ 0 & \frac{1}{2} & \frac{1}{2} \\ 0 & \frac{1}{4} & \frac{3}{4} \end{bmatrix} \quad P(2)=\begin{bmatrix} 0 & 0 & 1 \\ 0 & \frac{1}{4} & \frac{3}{4} \\ 0 & \frac{2}{3} & \frac{1}{3} \end{bmatrix} \quad P(3)=\begin{bmatrix} 0 & 0 & 1 \\ 0 & 0 & 1 \\ 0 & 1 & 0 \end{bmatrix}$$

(6) 数据预测。

通过以上计算,对 2011—2020 年数据进行马尔科夫修正模型的预测,对马尔科夫修正值与实际值间相对误差的绝对值和灰色预测值与实际值间相对误差的绝对值进行比较,验证其精度,预测结果对比见表 2-36。

预测结果对比表 表 2-36

年份(年)	实际值	预测值	相对误差(%)	修正值	相对误差(%)
2011	5.97	5.97	0.00	5.97	0.00
2012	5.73	5.60	2.15	5.76	0.52
2013	5.53	5.62	1.63	5.47	1.10
2014	5.49	5.64	2.64	5.49	0.07
2015	5.43	5.66	4.22	5.51	1.52
2016	5.88	5.67	3.49	5.82	1.03
2017	5.92	5.69	3.79	5.84	1.37
2018	5.81	5.71	1.70	5.85	0.72
2019	5.69	5.73	0.63	5.59	1.81
2020	5.60	5.75	2.70	5.61	0.26
平均值			2.30	—	0.84

由表 2-36 可知,灰色马尔科夫链模型预测机动车事故死亡人数的相对误差较小,预测精度较高。令 $t=10、11、12、13、14$,可得到 2021—2025 年的马尔科夫修正预测值,详细结果见表 2-37。

2021—2025 年我国机动车事故死亡人数马尔科夫修正预测值 表 2-37

年份(年)	2021	2022	2023	2024	2025
修正值(万人)	5.63	5.92	5.93	5.95	5.71

(7)结论。

①鉴于 GM(1,1)模型预测的精度检验结果不理想,使用马尔科夫链的状态转移概率矩阵,构建了车险深度灰色马尔科夫预测模型。灰色马尔科夫预测模型的相对误差减小,预测精度较 GM(1,1)模型有较大改进。

②研究结果表明:我国机动车事故死亡人数,从 2021 年的 5.63 万人增加到 2024 年的 5.95 万人,2025 年降至 5.71 万人,机动车事故死亡人数的增加使人们对汽车保险的需求更加迫切。

2.2.4.3 我国机动车事故直接财产损失预测与结果分析

(1)模型构建。

以表 1-7 中 2011—2020 年我国机动车事故直接财产损失(亿元)数据作为原始数据,可得机动车事故直接财产损失累加序列的预测模型为:

$$x^{(1)}(t+1) = 368.38e^{0.0273t} - 357.90 \tag{2-55}$$

从而得到原始数据的模型为:

$$x^{(0)}(t+1) = (1 - e^{-0.0273})368.38e^{0.0273t} \tag{2-56}$$

(2)精度检验。

利用后验差和小误差概率联合检验,其计算结果为:后验差比值 $C=0.65$,小误差概率 $P=0.7$。

因此,上述建立的 GM(1,1)预测模型未通过精度检验,且由表 2-7 可知预测模型精度不合格。

由于,灰色 GM(1,1)模型不适用于时间较长、数据的随机性和波动性较大的预测情况,需要对预测模型进行修正。

(3)建立残差绝对值序列的 GM(1,1)模型。

通过计算分析,得到机动车事故直接财产损失的 GM(1,1)模型值及残差见表 2-38。

机动车事故直接财产损失的 GM(1,1)模型值及残差 表 2-38

年份(年)	模 型 值	实 际 值	残 差
2011	10.48	10.48	0.00
2012	10.20	11.42	1.22
2013	10.48	10	-0.48
2014	10.77	10.34	-0.43
2015	11.07	9.89	-1.18

续上表

年份(年)	模 型 值	实 际 值	残 差
2016	11.37	11.46	0.09
2017	11.69	11.56	-0.13
2018	12.01	13.1	1.09
2019	12.34	12.58	0.24
2020	12.69	12.28	-0.41

对残差的绝对值建立 GM(1,1) 模型,可得出机动车事故死亡人数修正模型为:

$$\hat{x}^{(0)}(t+1) = (1-e^{-0.0273})368.38 e^{0.0273t} + \text{sgn}(t+1)(e^{0.1212t}-1)7.8548 e^{-0.1212t} \quad (2-57)$$

通过此模型,得到机动车事故直接财产损失修正模型值及残差,结果见表2-39。

机动车事故直接财产损失修正模型值及残差 表2-39

年份(年)	修正模型值	实际值	残 差
2011	10.48	10.48	0.00
2012	11.09	11.42	0.33
2013	9.68	10	0.32
2014	10.06	10.34	0.28
2015	10.44	9.89	-0.55
2016	11.93	11.46	-0.47
2017	11.20	11.56	0.36
2018	12.45	13.1	0.65
2019	12.73	12.58	-0.15
2020	12.35	12.28	-0.07

(4)状态划分。

依据原始数据与 GM(1,1) 预测值的残差符号划分为三种状态,结果见表2-40。

实际值与 GM(1,1) 预测值的对照表 表2-40

年份(年)	GM(1,1)预测值	实际值	残差	所处状态	下一步转向状态	下二步转向状态	下三步转向状态
2011	10.48	10.48	0.00	1	2	3	3
2012	10.20	11.42	1.22	2	3	3	3
2013	10.48	10	-0.48	3	3	3	2
2014	10.77	10.34	-0.43	3	3	2	3
2015	11.07	9.89	-1.18	3	2	3	2
2016	11.37	11.46	0.09	2	3	2	2
2017	11.69	11.56	-0.13	3	2	2	3
2018	12.01	13.1	1.09	2	2	3	—
2019	12.34	12.58	0.24	2	3	—	—
2020	12.69	12.28	-0.41	3	—	—	—

(5) 构建状态转移概率矩阵 P。

$$P(1)=\begin{bmatrix} 0 & 1 & 0 \\ 0 & \frac{1}{4} & \frac{3}{4} \\ 0 & \frac{1}{2} & \frac{1}{2} \end{bmatrix} \quad P(2)=\begin{bmatrix} 0 & 0 & 1 \\ 0 & \frac{1}{3} & \frac{2}{3} \\ 0 & \frac{1}{2} & \frac{1}{2} \end{bmatrix} \quad P(3)=\begin{bmatrix} 0 & 0 & 1 \\ 0 & \frac{1}{2} & \frac{1}{2} \\ 0 & \frac{1}{2} & \frac{1}{2} \end{bmatrix}$$

(6) 数据预测。

通过以上计算对2011—2020年数据进行马尔科夫修正模型的预测,对马尔科夫修正值与实际值间相对误差的绝对值和灰色预测值与实际值间相对误差的绝对值进行比较,验证其精度,预测结果对比见表2-41。

预测结果对比表　　表2-41

年份(年)	实际值	预测值	相对误差(%)	修正值	相对误差(%)
2011	10.48	10.48	0.00	10.48	0.00
2012	11.42	10.20	10.72	11.09	2.87
2013	10	10.48	4.78	9.68	3.16
2014	10.34	10.77	4.14	10.06	2.66
2015	9.89	11.07	11.90	10.44	5.59
2016	11.46	11.37	0.76	11.93	4.06
2017	11.56	11.69	1.11	11.20	3.12
2018	13.1	12.01	8.31	12.45	5.00
2019	12.58	12.34	1.87	12.73	1.18
2020	12.28	12.69	3.31	12.35	0.54
平均值			4.69		2.82

由表2-41可知,灰色马尔科夫链模型预测机动车事故直接财产损失的相对误差较小,预测精度较高。令 $t=10、11、12、13、14$,可得到2021—2025年的马尔科夫修正预测值,详细结果见表2-42。

2021—2025年我国机动车事故直接财产损失马尔科夫修正预测值　　表2-42

年份(年)	2021	2022	2023	2024	2025
预测值(亿元)	13.34	13.67	14.01	14.36	14.73

(7) 结论。

①鉴于GM(1,1)模型预测的精度检验结果不理想,使用马尔科夫链的状态转移概率矩阵,构建了车险深度灰色马尔科夫预测模型。灰色马尔科夫预测模型的相对误差减小,预测精度较GM(1,1)模型有较大改进。

②研究结果表明:我国机动车事故直接财产损失,从2021年的13.34亿元增加到2025年的14.73亿元,呈不断增长趋势,这也说明了我国汽车保险需求也会逐渐增大。

2.2.5 汽车保险人伤赔偿评价指标预测与结果分析

2.2.5.1 我国城镇居民人均可支配收入预测与结果分析

(1)模型构建。

以表2-5中2011—2020年我国城镇居民人均可支配收入数据作为原始数据,可得城镇居民人均可支配收入累加序列的预测模型为:

$$x^{(1)}(t+1) = 320992.86\,e^{0.0744t} - 299565.86 \qquad (2-58)$$

从而得到原始数据的模型为:

$$x^{(0)}(t+1) = (1-e^{-0.0744}) \times 320992.86\,e^{0.0744t} \qquad (2-59)$$

(2)精度检验。

利用后验差和小误差概率联合检验,其计算结果为:后验差比值 $C=0.075<0.35$,小误差概率 $P=1>0.95$。

因此,上述建立的GM(1,1)预测模型通过精度检验,且由表2-7可知,预测模型精度好。

(3)数据预测。

利用所建预测模型,对2021—2025年数据进行预测。分别令 $t=10$、11、12、13、14,具体预测结果见表2-43。

表2-43 2021—2025年城镇居民人均可支配收入数据

年份(年)	2021	2022	2023	2024	2025
城镇居民人均可支配收入(元)	48438.95	52181.03	56212.20	60554.80	65232.87

(4)结论。

①通过对2011—2020年我国城镇居民人均可支配收入数据进行统计分析,构建了我国城镇居民人均可支配收入GM(1,1)预测模型,并通过模型精度检验证明,GM(1,1)预测模型非常适合我国城镇居民人均可支配收入数据的预测。

②研究结果表明:我国城镇居民人均可支配收入在未来五年逐年递增,2025年比2021年增长了34.67%,说明了我国城镇居民的生活水平在不断提高。

2.2.5.2 我国农村居民人均可支配收入预测与结果分析

(1)模型构建。

以表2-5中2011—2020年我国农村居民人均可支配收入数据为原始数据可得农村居民人均可支配收入累加序列的预测模型为:

$$x^{(1)}(t+1) = 96778.39\,e^{0.0861t} - 89384.39 \qquad (2-60)$$

从而得到原始数据的模型为:

$$x^{(0)}(t+1) = (1-e^{-0.0861}) \times 96778.39\,e^{0.0861t} \qquad (2-61)$$

(2)精度检验。

利用后验差和小误差概率联合检验,其计算结果为:后验差比值 $C=0.05<0.35$,小误差概率 $P=1>0.95$。

因此,上述建立的GM(1,1)预测模型通过精度检验,且由表2-7可知,预测模型精度好。

(3)数据预测。

利用所建预测模型,对2021—2025年数据进行预测。分别令 $t=10$、11、12、13、14,具体预测结果见表2-44。

2021—2025年农村居民人均可支配收入数据　　　　表2-44

年份(年)	2021	2022	2023	2024	2025
农村居民人均可支配收入(元)	18886.98	20585.28	22436.29	24453.74	26652.59

(4)结论。

①通过对2011—2020年我国农村居民人均可支配收入数据进行统计分析,构建我国农村居民人均可支配收入GM(1,1)预测模型,并通过模型精度检验证明,GM(1,1)预测模型非常适合我国农村居民人均可支配收入数据的预测。

②研究结果表明:我国农村居民人均可支配收入在未来五年逐年递增,2025年比2021年增长了41.12%,说明了我国农村居民的生活水平在不断提高。

2.2.5.3　我国城镇居民人均消费支出预测与结果分析

(1)模型构建。

以表2-6中2011—2020年我国城镇居民人均消费支出数据为原始数据,可得城镇居民人均消费支出累加序列的预测模型为:

$$x^{(1)}(t+1) = 287341.77\,e^{0.0600t} - 271787.77 \tag{2-62}$$

从而得到原始数据的模型为:

$$x^{(0)}(t+1) = (1-e^{-0.0600}) 287341.77\,e^{0.0600t} \tag{2-63}$$

(2)精度检验。

利用后验差和小误差概率联合检验,其计算结果为:后验差比值 $C=0.2<0.35$,小误差概率 $P=1>0.95$。

因此,上述建立的GM(1,1)预测模型通过精度检验,且由表2-7可知预测模型精度好。

(3)数据预测。

利用所建预测模型,对2021—2025年数据进行预测。分别令 $t=10$、11、12、13、14,具体预测结果见表2-45。

2021—2025年城镇居民人均消费支出数据　　　　表2-45

年份(年)	2021	2022	2023	2024	2025
城镇居民人均消费支出(元)	30486.49	32371.27	34372.58	36497.61	38754.02

(4)结论。

①通过对2011—2020年我国城镇居民人均消费支出数据进行统计分析,构建我国城镇居民人均消费支出GM(1,1)预测模型,并通过模型精度检验证明,GM(1,1)预测模型非常适合我国城镇居民人均消费支出数据的预测。

②研究结果表明:我国城镇居民人均消费支出在未来五年逐年递增,2025年比2021年增长了27.12%,说明了我国城镇居民的生活质量在不断提高,同时反映了在我国经济水平的不断增长。

2.2.5.4 我国农村居民人均消费支出预测与结果分析

(1)模型构建。

以表 2-6 中 2011—2020 年我国农村居民人均消费支出数据作为原始数据,可得农村居民人均消费支出累加序列的预测模型为:

$$x^{(1)}(t+1) = 75085.30\,e^{0.0889t} - 69193.30 \tag{2-64}$$

从而得到原始数据的模型为:

$$x^{(0)}(t+1) = (1-e^{-0.0889})75085.30\,e^{0.0889t} \tag{2-65}$$

(2)精度检验。

利用后验差和小误差概率联合检验,其计算结果为:后验差比值 $C=0.01<0.35$,小误差概率 $P=1>0.95$。

因此,上述建立的 GM(1,1)预测模型通过精度检验,且由表 2-7 可知预测模型精度好。

(3)数据预测。

利用所建预测模型,对 2021—2025 年数据进行预测。分别令 $t=10$、11、12、13、14,具体预测结果见表 2-46。

2021—2025 年农村居民人均消费支出数据 表 2-46

年份(年)	2021	2022	2023	2024	2025
农村居民人均消费支出(元)	15540.49	16985.62	18565.13	20291.52	22178.46

(4)结论。

①通过对 2011—2020 年我国农村居民人均消费支出数据进行统计分析,构建了我国农村居民人均消费支出 GM(1,1)预测模型,并通过模型精度检验证明,GM(1,1)预测模型非常适合我国农村居民人均消费支出数据的预测。

②研究结果表明:我国农村居民人均消费支出在未来五年逐年递增,2025 年比 2021 年增长了 42.71%,说明了我国农村居民的生活质量在不断提高,同时也进一步拉动了我国经济的增长。

2.2.5.5 我国城镇单位就业职工平均工资预测与结果分析

(1)模型构建。

以图 2-3 中 2011—2020 年我国城镇单位就业职工平均工资数据为原始数据,可得城镇单位就业职工平均工资累加序列的预测模型为:

$$x^{(1)}(t+1) = 48.46e^{0.0924t} - 44.28 \tag{2-66}$$

从而得到原始数据的模型为:

$$x^{(0)}(t+1) = (1-e^{-0.0924})48.46e^{0.0924t} \tag{2-67}$$

(2)精度检验。

利用后验差和小误差概率联合检验,其计算结果为:后验差比值 $C=0.04<0.35$,小误差概率 $P=1>0.95$。

因此,上述建立的 GM(1,1)预测模型通过精度检验,且由表 2-7 可知预测模型精度好。

(3)数据预测。

利用所建预测模型,对2021—2025年数据进行预测。分别令 $t = 10$、11、12、13、14,具体预测结果见表2-47。

2021—2025年城镇单位就业职工平均工资数据　　表2-47

年份(年)	2021	2022	2023	2024	2025
城镇单位就业职工平均工资(万元)	10.77	11.81	12.95	14.21	15.58

(4)结论。

①通过对2011—2020年我国城镇单位就业职工平均工资数据进行统计分析,构建我国城镇单位就业职工平均工资 GM(1,1)预测模型,并通过模型精度检验证明,GM(1,1)预测模型非常适合我国城镇单位就业职工平均工资数据的预测。

②研究结果表明:我国城镇单位就业职工平均工资在未来五年逐年递增,从2021年的10.77万元增长到2025年的15.58万元,增长了近44.66%,说明我国未来经济发展水平会得到进一步的提高。

第3章
汽车保险业区域不平衡性研究

3.1 区域不平衡的静态分析

我国幅员辽阔,地理、人口差异显著,且伴随着国家的经济发展规划变化,国民经济的区域不平衡性问题凸显。而区域经济的不平衡,会直接影响汽车保险市场的发展。区域不平衡性可以从不同空间尺度考察,考虑到指标的意义与数据收集的可实施性,采用以下三个指标:汽车保费收入总额、汽车保险深度和汽车保险密度。表 3-1 所示为 2020 年我国的 31 个省/直辖市/自治区的汽车保费收入、汽车保险密度和汽车保险深度的统计情况。

2020 年我国的 31 个省/自治区/直辖市汽车保险统计指标数值　　表 3-1

省/自治区/直辖市	汽车保费收入（亿元）	地区生产总值（亿元）	人口数量（万人）	汽车保险深度（%）	汽车保险密度（元/人）
北京	251.22	36102.6	2189	0.70	1147.66
天津	112.48	14083.7	1387	0.80	810.95
河北	447.26	36206.9	7464	1.24	599.22
山西	179.07	17651.9	3490	1.01	513.09
内蒙古	132.41	17359.8	2403	0.76	551.02
辽宁	269.30	25115.0	4255	1.07	632.89
吉林	122.53	12311.3	2399	1.00	510.74
黑龙江	123.46	13698.5	3171	0.90	389.34
上海	257.73	38700.6	2488	0.67	1035.90
江苏	714.31	102719.0	8477	0.70	842.64
浙江	661.65	64613.3	6468	1.02	1022.96
安徽	350.49	38680.6	6105	0.91	574.10
福建	238.81	43903.9	4161	0.54	573.92
江西	216.62	25691.5	4519	0.84	479.34
山东	608.77	73129.0	10165	0.83	598.89
河南	417.71	54997.1	9941	0.76	420.19
湖北	275.57	43443.5	5745	0.63	479.67
湖南	287.27	41781.5	6645	0.69	432.32
广东	928.98	110760.9	12624	0.84	735.89
广西	155.61	22156.7	5019	0.70	310.04
海南	43.07	5532.4	1012	0.78	425.58

续上表

省/自治区/直辖市	汽车保费收入（亿元）	地区生产总值（亿元）	人口数量（万人）	汽车保险深度（%）	汽车保险密度（元/人）
重庆	174.39	25002.8	3209	0.70	543.43
四川	394.60	48598.8	8371	0.81	471.39
贵州	173.34	17826.6	3858	0.97	449.30
云南	234.63	24521.9	4722	0.96	496.88
西藏	13.25	1902.7	366	0.70	362.09
陕西	170.91	26181.9	3955	0.65	432.13
甘肃	95.66	9016.7	2501	1.06	382.49
青海	26.32	3005.9	593	0.88	443.77
宁夏	48.56	3920.6	721	1.24	673.55
新疆	117.36	13797.6	2590	0.85	453.13

注：数据来源于《中国保险年鉴2021》、国家统计局网站。

由表3-1可知，我国的31个省/自治区/直辖市在上述三个指标上存在着明显的差距，说明各区域的保险发展水平差异显著。具体分析如下：

（1）以汽车保险保费收入来衡量，2020年我国的31个省/自治区/直辖市中，汽车保费收入位于前三位的是广东、江苏、浙江，后三位为海南、青海和西藏。其中，2020年的汽车保费收入最多的是广东(928.98亿元)，最少的是西藏(13.25亿元)。此外，广东、江苏、浙江、山东4个省/自治区/直辖市的汽车保费收入已超过500亿元，而甘肃、宁夏、海南、青海和西藏却不足百亿元。由此可见，我国汽车保费收入地区差异性较明显。

（2）以汽车保险深度来衡量，2020年我国的31个省/自治区/直辖市的保险深度均大于0.5%，其中宁夏、河北、辽宁、甘肃、浙江、山西、吉林的保险深度均大于1.00%，31个省/自治区/直辖市中保险深度最大的为宁夏(1.24%)，最小的是福建(0.54%)。因此，从保险深度来看，我国潜在的汽车保险需求较高。

（3）以汽车保险密度来衡量，2020年我国的31个省/自治区/直辖市的保险密度均大于300元/人，其中北京最高为(1147.66元/人)，最低的是广西(310.04元/人)。北京、上海、浙江的汽车保险密度已经超过1000元/人，其余省/自治区/直辖市则在500元/人左右。根据保险密度的公式，人口数大小与汽车保险密度成反比，而我国是世界第一人口大国，由此可以看出我国汽车保险仍有较大的发展空间。

从以上分析中可以看出，北京、广东等地，汽车保险的发展是比较全面的，势头也相对较强劲，而广西、西藏的综合排名较靠后，汽车保险的发展速度相对缓慢。

为了更好地衡量区域的差异性，通过相对指标，对表3-1中我国的31个省/自治区/直辖市中汽车保险发展水平的相关数据进行深入分析。相对指标是计算排名前三位与后三位省/自治区/直辖市指标的平均值，并求出第一位与最后一位省/自治区/直辖市以及前三位与后三位省/自治区/直辖市的倍数，结果见表3-2。

2020 年我国的 31 个省/自治区/直辖市保险三要素的对比情况 表 3-2

位 次	汽车保费收入	汽车保险深度	汽车保险密度
第一位	928.98 亿元(广东)	1.24%(宁夏)	1147.66 元/人(北京)
最后一位	13.25 亿元(西藏)	0.54%(福建)	310.04 元/人(广西)
第一位/最后一位	70.10	2.28	3.70
前三位均值	768.31 亿元	1.18%	1085.31 元/人
后三位均值	27.55 亿元	0.60%	346.27 元/人
前三位均值/后三位均值	27.89	1.98	3.13

注：数据来源于《中国保险年鉴 2021》、国家统计局网站。

由表 3-2 可知，以汽车保费收入来衡量，2020 年收入最高的广东是收入最低的西藏的 70.10 倍，而排名前三位的平均值与排名后三位的平均值之比为 27.89，这说明我国 31 个省/自治区/直辖市之间的汽车保费收入的差异是巨大的。以汽车保险深度来衡量，2020 年排名第一位的宁夏是排名最后的福建的 2.28 倍，而排名前三位的平均值与排名后三位的均值之比为 1.98 倍，这说明全国 31 个省/自治区/直辖市之间的汽车保险深度之间的差距并没有那么明显。以汽车保险密度来衡量，2020 年排名最高的北京是排名最低的广西的 3.70 倍，而排名前三位的平均值与排名后三位的平均值之比为 3.13 倍。

总之，无论从绝对指标还是相对指标来看，我国 31 个省/自治区/直辖市的汽车保费收入总额、汽车保险深度和汽车保险密度都存在明显差距，这也就进一步说明了我国汽车保险市场的供求存在着地区不平衡的现象。

为了揭示我国的 31 个省/自治区/直辖市汽车保险市场发展规模区域差异的长期规律，图 3-1～图 3-3 展现了 2011—2020 年我国的 31 个省/直辖市/自治区的汽车保费收入、汽车保险密度以及汽车保险深度的相关情况。

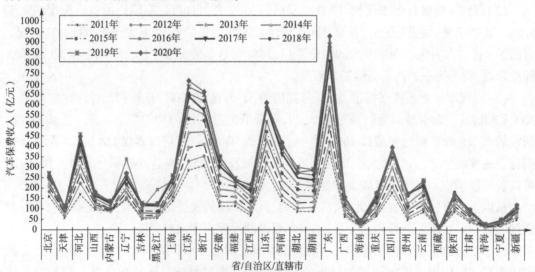

图 3-1　2011—2020 年我国的 31 个省/自治区/直辖市汽车保费收入

注：数据来源于《中国保险年鉴 2012》《中国保险年鉴 2013》《中国保险年鉴 2014》《中国保险年鉴 2015》《中国保险年鉴 2016》《中国保险年鉴 2017》《中国保险年鉴 2018》《中国保险年鉴 2019》《中国保险年鉴 2020》《中国保险年鉴 2021》。

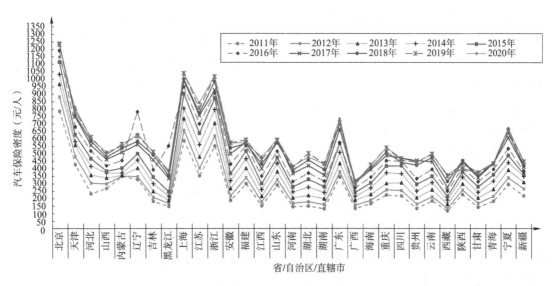

图 3-2　2011—2020 年我国的 31 个省/自治区/直辖市汽车保险密度

注：数据来源于《中国保险年鉴 2012》《中国保险年鉴 2013》《中国保险年鉴 2014》《中国保险年鉴 2015》《中国保险年鉴 2016》《中国保险年鉴 2017》《中国保险年鉴 2018》《中国保险年鉴 2019》《中国保险年鉴 2020》《中国保险年鉴 2021》、国家统计局网站。

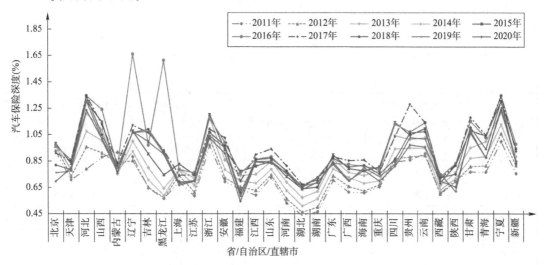

图 3-3　2011—2020 年我国的 31 个省/自治区/直辖市汽车保险深度

注：数据来源于《中国保险年鉴 2012》《中国保险年鉴 2013》《中国保险年鉴 2014》《中国保险年鉴 2015》《中国保险年鉴 2016》《中国保险年鉴 2017》《中国保险年鉴 2018》《中国保险年鉴 2019》《中国保险年鉴 2020》《中国保险年鉴 2021》、国家统计局网站。

从图 3-1 和图 3-2 来看，2011—2020 年，我国的 31 个省/自治区/直辖市的汽车保险的保费收入与保险密度均呈现稳定增加态势，但是各个省份的增长速度有所不同，使得原本就存在着较大差异的汽车保险市场的区域差异更加明显。单从保险收入来看，广东的保费收入占有绝对优势；从保险密度来看，北京的保险密度一直位居第一位，其次是上海和浙江。相对而言，其他稍显逊色。

由图 3-3 可知,2011—2020 年,我国的 31 个省/自治区/直辖市的保险深度变化并不稳定。近十年汽车保险深度相对较高的省/自治区/直辖市是河北和浙江,其他省/自治区/直辖市在不同年份的表现情况有所不同。与其他年份相比,2016 年是保险深度的区域差异是比较显著的一年,最高的是辽宁(1.66%),黑龙江以 1.61% 位居第二,而湖北最低(0.66%),且辽宁的保险深度是湖北的 2.52 倍,保险深度差异较大。虽然 2011—2020 年,各省/自治区/直辖市汽车保险深度表现出不同特征,但是整体来说,全国范围内保险深度的差异是逐渐缩小的。

3.2 区域不平衡的动态分析

表 3-3 所示为 2020 年我国的 31 个省/自治区/直辖市汽车保费收入同比增长率、2011—2020 年汽车保费收入平均增长率、2020 年汽车保险密度同比增长率以及 2011—2020 年汽车保险密度平均增长率。

年平均增长率又称复合增长率,是指一定年限内,所研究指标平均每年增长的速度,通常用 m 表示,其计算公式如下:

$$m = \sqrt[n]{\frac{B}{A}} - 1 \tag{3-1}$$

其中:A 为第一年的指标数据;B 为第 n 年的指标数据。

2011—2020 年我国的 31 个省/自治区/直辖市汽车保险保费收入
与保险密度增长速度   表 3-3

省/自治区/直辖市	2020 年车险保费收入保费增长率(%)	2011—2020 年车险保费收入平均增长率(%)	2020 年保险密度增长率(%)	2011—2020 年保险密度平均增长率(%)
北京	-6.89	5.10	-6.85	3.95
天津	3.51	8.99	3.37	8.28
河北	-1.82	11.90	-2.04	11.49
山西	3.51	8.29	3.72	8.55
内蒙古	-3.09	6.36	-2.60	6.66
辽宁	1.64	7.59	2.16	7.89
吉林	-2.63	10.55	-0.64	12.05
黑龙江	0.50	12.11	3.17	14.26
上海	-0.09	8.78	-0.37	7.95
江苏	4.27	11.79	4.18	10.96
浙江	1.94	9.70	0.47	7.83
安徽	0.15	14.01	-0.06	13.73
福建	-2.76	9.30	-3.32	8.00
江西	3.83	14.29	3.76	14.15

续上表

省/自治区/直辖市	2020年车险保费收入保费增长率(%)	2011—2020年车险保费收入平均增长率(%)	2020年保险密度增长率(%)	2011—2020年保险密度平均增长率(%)
山东	1.77	9.40	1.18	8.76
河南	3.29	13.39	2.88	12.76
湖北	-7.89	13.72	-4.97	13.69
湖南	-0.60	14.89	-0.68	14.76
广东	4.70	11.17	3.58	9.08
广西	5.43	11.38	4.65	10.44
海南	1.08	14.54	-0.62	12.80
重庆	0.95	12.47	0.29	11.28
四川	2.93	10.01	2.69	9.57
贵州	0.74	16.02	0.48	14.82
云南	-0.67	12.05	-0.84	11.76
西藏	3.86	15.34	2.44	13.07
陕西	7.25	8.69	6.95	8.07
甘肃	1.81	11.76	2.14	12.02
青海	2.39	12.30	1.88	11.72
宁夏	3.32	12.24	2.75	10.79
新疆	1.69	11.64	0.47	9.76

注:数据来源于《中国保险年鉴2011》《中国保险年鉴2012》《中国保险年鉴2013》《中国保险年鉴2014》《中国保险年鉴2015》《中国保险年鉴2016》《中国保险年鉴2017》《中国保险年鉴2018》《中国保险年鉴2019》《中国保险年鉴2020》《中国保险年鉴2021》、国家统计局网站。

由表3-3可知,以汽车保险保费收入和保险密度为衡量指标,2020年,除北京、河北、内蒙古、吉林、上海、福建、湖北、湖南、云南等出现负增长,其他均为正向增长;其中,陕西是汽车保费收入和保险密度增长最快的省份,增长率分别为7.25%和6.95%,而汽车保费收入增长最慢的是湖北,增长率为-7.89%,保险密度增长最慢的是北京,增长率为-6.85%。2011—2020年,我国31个省/自治区/直辖市汽车保险保费收入与保险密度年平均增长率均正值,这表明我国汽车保险持续向好发展。与区域不平衡的静态分析不同,各省/自治区/直辖市的汽车保险保费收入与汽车保险密度的增长率差异并不那么明显。以2011—2020年汽车保险保费收入与汽车保险密度的年平均增长率为衡量指标,我国有24个省/自治区/直辖市的增长率在10%左右。2020年,汽车保险基础较好的广东、江苏等省份保持了较高的发展速度,发展速度远高于全国的平均水平,起到了先锋作用;而河北、北京的发展速度则远低于全国的平均水平。

图3-4~图3-6展示了2011—2020年我国的31个省/自治区/直辖市的汽车保险保费收入增长率、汽车保险密度增长率、汽车保险深度增长率的变化情况。

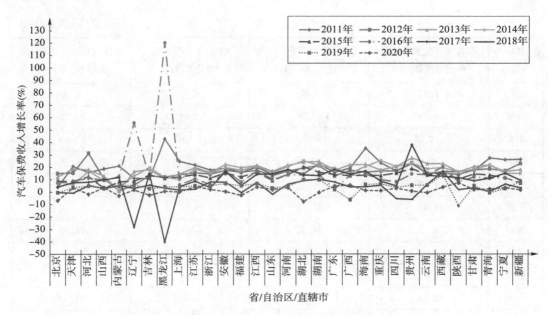

图3-4 2011—2020年我国31个省/自治区/直辖市汽车保费收入增长率

注：数据来源于《中国保险年鉴2012》《中国保险年鉴2013》《中国保险年鉴2014》《中国保险年鉴2015》《中国保险年鉴2016》《中国保险年鉴2017》《中国保险年鉴2018》《中国保险年鉴2019》《中国保险年鉴2020》《中国保险年鉴2021》。

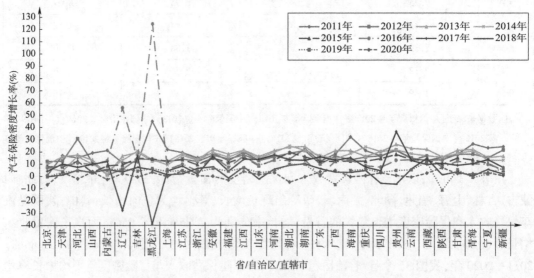

图3-5 2011—2020年我国31个省/自治区/直辖市汽车保险密度增长率

注：数据来源于《中国保险年鉴2012》《中国保险年鉴2013》《中国保险年鉴2014》《中国保险年鉴2015》《中国保险年鉴2016》《中国保险年鉴2017》《中国保险年鉴2018》《中国保险年鉴2019》《中国保险年鉴2020》《中国保险年鉴2021》。

由图3-4～图3-6分析可知，2011—2020年，我国的31个省/自治区/直辖市的汽车保费收入、汽车保险密度、汽车保险深度三个指标的增长率呈现基本一致的变化规律。这十年增长率波动最大的是黑龙江，2016年，黑龙江的汽车保费收入增长率、汽车保险密度增长率、汽车保险深度增长率均超过100%，而在2017年，这三个指标却均在-40%左右；其次是辽宁，2016年辽宁的汽车保费收入增长率、汽车保险密度增长率、汽车保险深度增长率均超过

50%,而在2017年,这三个指标却均在-30%左右;其他省/自治区/直辖市增长率变化相对较小。2020年,三个指标的变化相对平稳。

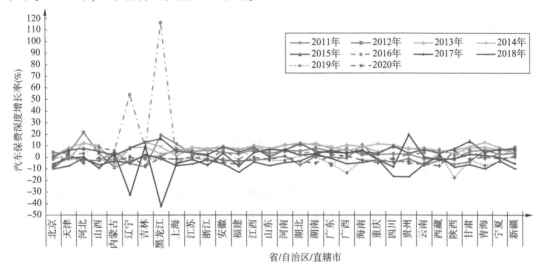

图3-6 2011—2020年我国31个省/自治区/直辖市汽车保险深度增长率

注:数据来源于《中国保险年鉴2012》《中国保险年鉴2013》《中国保险年鉴2014》《中国保险年鉴2015》《中国保险年鉴2016》《中国保险年鉴2017》《中国保险年鉴2018》《中国保险年鉴2019》《中国保险年鉴2020》《中国保险年鉴2021》。

3.3 区域不平衡的市场集中度分析

3.3.1 市场集中度相关理论

市场集中度用于测量汽车保险市场结构中企业数目和规模化的差异,是表征汽车保险市场的垄断或竞争的重要量化指标。市场集中度通常用以下三个指标来衡量,即CR_n指数、赫芬达尔指数和熵指数。

3.3.1.1 CR_n指数

CR_n指数用于测算市场份额排名前n的保险企业集中程度,以市场份额处于前n位的保险企业市场份额之和表示,计算指标可以是汽车保险保费收入、利润、资产等。假设保险市场上市场中有N家保险公司经营汽车保险业务,则市场份额前n位保险企业的集中度的计算公式为:

$$CR_n = \frac{\sum_{i=1}^{n} X_i}{\sum_{i=1}^{N} X_i} \tag{3-2}$$

日本著名产业组织学者越后贺典认为以CR_n指数为依据,可将产业的垄断情况分为五类。第一种类型是A:$CR_1 \geq 70\%$,属于极高寡占行业。第二种类型是B:$CR_3 \geq 80\%$,$CR_5 = 100\%$,属于高寡占行业。第三种类型是C:$CR_{10} \geq 80\%$,属于中寡占行业。第四种类型是D:$CR_{10} \geq 50\%$,属于准中寡占行业。第五种类型是E:$CR_{10} \leq 50\%$,属于低集中行业。

3.3.1.2 赫芬达尔指数

赫芬达尔指数(简称 HHI)是测量产业集中度的综合指数。假设汽车保险市场中有 N 家保险企业经营汽车保险业务,以各保险企业汽车保险业务收入占汽车保险业务总收入百分比的平方和来表示:

$$HHI = \sum_{i=1}^{n}(S_i)^2 = \sum_{i=1}^{n}\left(\frac{X_i}{X}\right)^2 \tag{3-3}$$

其中: $S_i = X_i/X$, X_i 是第 i 家保险企业的汽车保险业务收入额; X 表示市场上汽车保险业务收入总和; HHI 指数的取值在 0 和 1 之间,数值越大说明汽车保险业市场集中程度越高。商场份额较大的企业比市场份额较小的公司的数值更大。

3.3.1.3 熵指数

熵指数简称 EI 指数,可用于衡量汽车保险市场内部的平衡状态。根据市场份额倒数的对数来分配各个企业汽车保险业务市场份额的权数。熵指数公式为:

$$EI = -k\sum_{i=1}^{N}(S_i \ln S_i) = \sum_{i=1}^{n}\left(\frac{X_i}{X}\ln\frac{X_i}{X}\right) \tag{3-4}$$

$$k = \frac{1}{\ln N} \tag{3-5}$$

其中: X_i 表示第 i 家保险企业的汽车保险业务收入额; X 表示所有保险企业的保险业务收入总和; S_i 是第 i 家保险企业的汽车保险业务收入份额; N 是市场中经营汽车保险业务的保险企业数量。

EI 指数的取值在 0 和 1 之间。EI 指数值越大,则保险市场内部市场结构越均衡,即保险市场结构越分散。市场份额小的企业,对应着更大的权重。

3.3.2 我国汽车保险市场集中度分析

3.3.2.1 我国汽车保险市场主体结构差异分析

表 3-4 采用 CR_n 指数对 2020 年我国的 31 个省/自治区/直辖市车险市场集中度进行分析,以得到汽车保险市场的主体结构差异。近些年来,汽车保险市场在国家宏观调控和市场经济共同作用下,有了长足的发展,但不可避免地出现了一些差异。

2020 年我国的 31 个省/自治区/直辖市车险市场集中度 表 3-4

省/自治区/直辖市	开展汽车保险业务的公司数量	CR_1	CR_3	CR_5	CR_{10}
北京	47	39.96%	82.90%	90.16%	95.50%
天津	29	31.30%	68.53%	77.35%	90.08%
河北	44	34.77%	62.30%	72.16%	83.91%
山西	29	24.68%	56.07%	70.35%	84.69%
内蒙古	28	33.09%	61.06%	77.23%	90.42%
辽宁	31	36.15%	70.08%	80.47%	91.37%

续上表

省/自治区/直辖市	开展汽车保险业务的公司数量	CR_1	CR_3	CR_5	CR_{10}
吉林	20	26.83%	59.03%	73.27%	91.24%
黑龙江	22	27.23%	62.44%	73.01%	90.31%
上海	38	35.37%	76.35%	84.85%	91.62%
江苏	40	40.15%	76.37%	84.59%	92.02%
浙江	33	33.84%	69.33%	81.87%	93.10%
安徽	30	31.55%	68.16%	81.75%	93.24%
福建	28	31.22%	72.25%	85.18%	98.84%
江西	22	44.89%	71.87%	85.28%	94.47%
山东	42	26.16%	40.86%	64.27%	81.13%
河南	41	24.80%	57.67%	72.00%	85.87%
湖北	35	35.91%	74.41%	84.60%	92.16%
湖南	25	32.24%	67.47%	85.72%	94.73%
广东	45	27.65%	52.77%	65.51%	82.07%
广西	24	28.22%	65.34%	79.29%	93.22%
海南	13	34.54%	75.07%	87.66%	98.82%
重庆	28	32.89%	76.01%	82.66%	92.10%
四川	44	32.65%	68.63%	78.40%	88.91%
贵州	23	30.82%	75.25%	87.26%	95.74%
云南	28	29.40%	62.16%	79.94%	91.90%
西藏	9	50.50%	80.58%	92.68%	100.00%
陕西	30	28.80%	61.28%	72.64%	89.35%
甘肃	21	32.89%	66.39%	83.08%	97.01%
青海	9	43.63%	84.32%	94.26%	100.00%
宁夏	11	49.21%	85.01%	95.13%	99.95%
新疆	18	49.20%	84.37%	93.37%	98.92%

由表3-4可知,市场份额前三位的人保财险、平安产险、太保产险占车险保费收入市场份额为67.62%,超过了整个汽车保险市场的2/3。市场份额前五位的人保财险、平安产险、太保产险、国寿财险、中华财险占据了全国汽车保险保费收入市场份额的78.46%。市场份额前十位的保险企业占据了全国汽车保险保费收入市场份额88.32%。由此可见,2020年我国汽车保险行业属于日本著名产业组织学者越后贺典划分垄断情况的第三种类型,即中寡占行业。

从我国的31个省/自治区/直辖市的角度来观察,有14个省/自治区/直辖市的CR_1(即一家汽车保险公司)占据汽车保险市场1/3的市场,但无$CR_1 \geqslant 70\%$的省/自治区/直辖市,

西藏 CR_1 为 50.50%,是所有省/自治区/直辖市中最高的,这一结果说明我国各省/自治区/直辖市车险市场均不属于极高寡占行业。23 个省/自治区/直辖市的 CR_3(即三家汽车保险公司)占据汽车保险市场 2/3 以上,其中,北京、青海、西藏、宁夏、新疆等 5 个省/自治区/直辖市的 $CR_3 \geqslant 80\%$,同时这 5 个省/自治区/直辖市 CR_5 均超过 90%,因此这 5 省/自治区/直辖市车险市场接近于高寡占行业;剩余 8 个省/自治区/直辖市 CR_3 低于汽车保险市场 2/3,其中山东的 CR_3 为 40.86%。18 个省/自治区/直辖市 CR_5(即五家汽车保险公司)占据汽车保险市场 4/5 以上,其中宁夏最高,为 95.13%,山东 CR_5 为 64.27%,是所有省/自治区/直辖市最低的。所有省/直辖市/自治区的 CR_{10} 均超过 80%,青海、西藏的 CR_{10} 为 100%,由此可见,除北京、青海、西藏、宁夏、新疆外,其他省/自治区/直辖市车险均属于中寡占行业。综上可知,我国各省/自治区/直辖市普遍存在于高寡占行业和中寡占行业的范围,这样的市场格局在很大程度上抑制了竞争,拖慢了汽车保险市场的拓展步伐。

3.3.2.2 我国省域汽车保险业发展不平衡因素分析

保险从专业术语的角度定义,属于契约经济关系。保险业与银行、证券一起组成了金融行业的三大支柱,经营风险和管理风险是它的主要职能。汽车保险受自然、经济、社会、历史等多方面因素的影响,区域差异性显著。总体上,一个国家或地区汽车保险市场区域差异的形成原因主要包括:①汽车保险市场自身的发展情况;②汽车保险市场发展的外部环境,包括宏观的外部环境、经济金融环境以及人文社会环境等。

3.4 区域不平衡的聚类统计分析

为了衡量我国各省/自治区/直辖市汽车保险业的发展水平,以 31 个省/直辖市/自治区的汽车保险统计指标数值为研究对象,运用统计学中的聚类分析方法——Q 型聚类分析方法,研究我国汽车保险业在 31 个省/自治区/直辖市的发展情况,并以此来确定我国各省域所处的水平。

3.4.1 数据来源及描述

本节的数据来源于《中国保险年鉴2021》,研究对象主要是2020 年我国的 31 个省/自治区/直辖市的汽车保险统计指标数值,包含汽车保费收入、汽车保险深度、汽车保险密度三个指标的数据。利用 SPSS 的聚类分析功能,对我国的 31 个省/自治区/直辖市的汽车保险业发展水平情况进行聚类分析。

3.4.2 聚类分析的处理过程

聚类分析的第一步是数据标准化,即将不同数量级的数据变成同一数量级,消除数量级的影响。本部分采取数据归一化的处理方式。在此基础上,采用欧式距离[式(3-6)]对 31 个省/自治区/直辖市的变量数据进行计算。其中,k 表示每个样本有 k 个变量,x_i 表示第一个样本在第 i 个变量上的取值,y_i 表示第二个样本在第 i 个变量上的取值。公式表示为:

$$EUCLID(x,y) = \sqrt{\sum_{i=1}^{k}(x_i - y_i)^2} \qquad (3\text{-}6)$$

第三步,绘制聚类分析谱系图。将汽车保费收入、汽车保险深度、汽车保险密度三个变量放入变量框中,省/自治区/直辖市放入标注个案框中,在绘图中选择谱系图。各省/自治区/直辖市汽车保险发展水平差异性越小,在谱系图中表现为距离越短,从而越容易聚为一类。而不同的标度值有不同的分类,在综合考虑之后,选择在标度值 10 处进行归类,最终确定将这 31 个省/自治区/直辖市分为汽车保险发达地区、发展程度中等地区和欠发达地区。SPSS 输出的聚类谱系图如图 3-7 所示,聚类分析结果,即群集成员的划分见表 3-5。

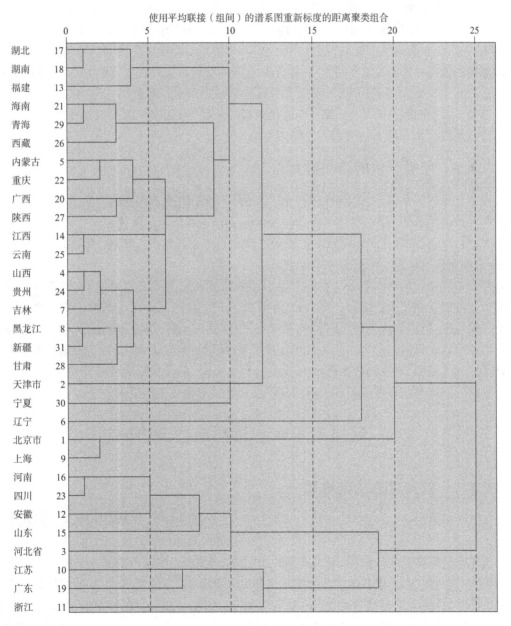

图 3-7 我国的 31 个省/自治区/直辖市汽车保险聚类分析谱系图

我国的31个省/自治区/直辖市汽车保险聚类分析结果　　　　　　　表3-5

类　　别	数量	省/自治区/直辖市
汽车保险发达地区	2	北京、上海
汽车保险发展程度中等地区	8	江苏、浙江、山东、河北、河南、广东、安徽、四川
汽车保险欠发达地区	21	湖南、天津、山西、内蒙古、辽宁、福建、吉林、黑龙江、江西、广西、湖北、海南、重庆、贵州、云南、西藏、陕西、甘肃、青海、宁夏、新疆

由表3-5中的聚类分析结果来看，北京、上海属于第一类，为汽车保险业发达的地区，这2个直辖市的汽车保险密度指标值在31个省/自治区/直辖市中地位占绝对优势，分列第一位和第二位。江苏、浙江、山东、河北、河南、广东、安徽、四川属于第二类，即汽车保险发展程度中等的地区，这类地区的普遍特点是汽车保险保费收入名列前茅，但汽车保险密度和汽车保险深度的优势并不是非常明显。主要是由于这些省份是人口大省，年末常住人口和地区生产总值的比重太大，影响了汽车保险密度和汽车保险深度。剩余21个省/自治区/直辖市为第三类，同时也是省/自治区/直辖市个数最多的一类，为汽车保险欠发达的地区，这类地区的特点是各个指标都不是特别有优势。

3.4.3　聚类分析的结果分析

聚类分析的结果显示，我国的31个省/自治区/直辖市中，汽车保险业发达的地区、中等地区和欠发达地区的占比为1∶4∶11.5。汽车保费收入和汽车保险密度对于聚类结果的影响较大，而汽车保险深度的影响较小。主要是因为相对于其他两个指标，我国的31个省/自治区/直辖市的汽车保险深度总体跨度差别小。

93.5%的地区位于汽车保险发展中等程度的地区甚至是不发达地区，这说明我国的汽车保险业发展空间很大。值得一提的是，宁夏的汽车保险深度和汽车保险密度分别位列第一位和第六位，但因为汽车保险保费规模太小，位列第三十位，综合聚类后被划归汽车保险欠发达的地区。提高欠发达地区的汽车保险水平，同时保持发达地区的水平，缩小发达与中等地区之间的差距，对提高我国汽车保险业的水平来说，是很重要的战略步骤。这说明，政府监管部门和从事汽车保险的各个财产保险公司还是有很多工作要做。

3.5　区域不平衡的综合指数评价分析

3.5.1　研究对象及区域划分

以汽车保险为研究对象，利用综合指数评价法，分析全国汽车保险业发展的地域不平衡性。

汽车保险有多项统计指标，现以我国的31个省/自治区/直辖市的汽车保险保费收入指标为研究对象，将2019年各区域的数据作为研究基期数据，分析2020年各区域数据的变化趋势。同时，参考我国行政区域划分，将我国的31个省/自治区/直辖市划分为七大区域（表3-6），以分析七大区域的变化趋势及各省/自治区/直辖市变化对各大区域的影响程度。

我国七大区域的划分 表3-6

七 大 区 域	所包含的省/自治区/直辖市
华北地区	北京、天津、河北、山西、内蒙古
东北地区	辽宁、吉林、黑龙江
华东地区	上海、江苏、浙江、安徽、福建、江西、山东
华中地区	河南、湖北、湖南
西南地区	重庆、四川、贵州、云南、西藏
西北地区	陕西、甘肃、青海、宁夏、新疆
华南地区	广东、广西、海南

3.5.2 综合指数评价法的运用

综合指数法是在众多的统计评价分析方法中最容易被人们接受的评价方法之一,它能进行纵向比较和横向比较,不仅能展现个体的相对变动及变动数量,还能展示个体在总体数量中的地位和作用的相对数。与此同时,综合指数还描述和揭示由大量个体现象所构成的总体数量的变化规律性。

综合指数法的计算步骤是:利用各项指标的权数和个体评价指数进行累乘,然后相加,最后计算出汽车保险保费收入变化指标的综合评价指数。各项指标的权数是根据其重要程度决定的,表现了各项指标在保费收入综合值中作用的大小。其计算公式为:

$$K' = \frac{\sum KW}{\sum W} \tag{3-7}$$

其中:K'为综合评价指数;K为个体评价指数;W为权数。

以2019年、2020年汽车费收入为基础来研究我国汽车保险市场的发展情况。

3.5.2.1 权数的确定

各省/自治区/直辖市汽车保险保费收入的增减幅度对所处大区的保费收入增减影响程度是不一样的,主要是由保费总额所决定。而各个大区汽车保费水平的指标是该大区汽车保险保费在全国市场的份额,因此根据此市场份额,可计算出各省/自治区/直辖市汽车保险保费收入占其所在大区汽车保险保费份额的比重,并以此比重为权数W。

$$W = \frac{某省、自治区、直辖市汽车保险保费收入占全国市场份额}{某地区汽车保险保费收入占全国的市场份额} \tag{3-8}$$

3.5.2.2 个体评价指数K的计算

$$K = \frac{X_1}{X_2} \tag{3-9}$$

其中:X_1为某省在评价年的汽车保险保费收入;X_2为某省在参考年的汽车保险保费收入。

3.5.2.3 综合评价指数K'的确定

以31个省/自治区/直辖市的汽车保险保费收入为数据基础。在进行数据估算时,以我国的现行人民币亿元为单位。表3-7所示为我国七大行政区域汽车保险保费收入的综合评价指数。

我国七大行政区域的汽车保费收入情况

表 3-7

省/自治区/直辖市划分	省/自治区/直辖市名称	20年保费收入 X_1（亿元）	19年保费收入 X_2（亿元）	个体评价指数 $K=X_1/X_2$	占我国市场份额（%）	权数 W（%）	KW（%）
华北地区	北京	251.22	269.82	0.93	3.05%	22.38	20.84
	天津	112.48	108.66	1.04	1.36	10.02	10.37
	河北	447.26	455.53	0.98	5.43	39.85	39.12
	山西	179.07	173.00	1.04	2.17	15.95	16.51
	内蒙古	132.41	136.63	0.97	1.61	11.80	11.43
东北地区	辽宁	269.30	264.95	1.02	3.27	52.26	53.12
	吉林	122.53	125.83	0.97	1.49	23.78	23.15
	黑龙江	123.46	122.84	1.01	1.50	23.96	24.08
华东地区	上海	257.73	257.97	1.00	3.13	8.45	8.45
	江苏	714.31	685.03	1.04	8.67	23.43	24.43
	浙江	661.65	649.06	1.02	8.03	21.71	22.13
	安徽	350.49	349.95	1.00	4.25	11.50	11.52
	福建	238.81	245.59	0.97	2.90	7.83	7.62
	江西	216.62	208.63	1.04	2.63	7.11	7.38
	山东	608.77	598.18	1.02	7.38	19.97	20.32
华中地区	河南	417.71	404.40	1.03	5.07	42.60	44.00
	湖北	275.57	299.18	0.92	3.34	28.10	25.89
	湖南	287.27	289.01	0.99	3.48	29.30	29.12
华南地区	广东	928.98	887.31	1.05	11.27	82.38	86.25
	广西	155.61	147.60	1.05	1.89	13.80	14.55
	海南	43.07	42.61	1.01	0.52	3.82	3.86
西南地区	重庆	174.39	172.75	1.01	2.12	17.61	17.78
	四川	394.60	383.35	1.03	4.79	39.85	41.02
	贵州	173.34	172.06	1.01	2.10	17.51	17.64
	云南	234.63	236.22	0.99	2.85	23.69	23.54
	西藏	13.25	12.76	1.04	0.16	1.34	1.39
西北地区	陕西	170.91	159.35	1.07	2.07	37.25	39.95
	甘肃	95.66	93.96	1.02	1.16	20.85	21.23
	青海	26.32	25.70	1.02	0.32	5.74	5.87
	宁夏	48.56	47.00	1.03	0.59	10.58	10.94
	新疆	117.36	115.41	1.02	1.42	25.58	26.01

注：数据来源于《中国保险年鉴2020》《中国保险年鉴2021》。

其中，华北地区、东北地区、华东地区、华中地区、华南地区、西南地区与西北地区的综合评价指数 K' 分别为 0.9828、1.0035、1.0184、0.9901、1.0466、1.0136 与 1.0400。由表 3-7 可知，运用个体评价指数 K 分析，得出全国范围内，汽车保费增长均低于 10.00%，其中，增长最快的是陕西(7.00%)，其次是广西(5.00%)、广东(5.00%)、江苏(4.00%)、西藏(4.00%)。湖南、云南、河北、吉林、福建、内蒙古、北京、湖北等 8 个省/自治区/直辖市为负增长，其中湖北增长速度最慢为 -8.00%，远低于其他省/自治区/直辖市。

根据市场份额指标，得出七个大区中，华东地区的汽车保险保费规模最大，占比为 36.98%。这个大区各省/自治区/直辖市之间有一个共同的特性，就是都位于沿海经济区，属于我国的经济大省，而且这些地区所占的全国市场份额也是最高的，说明华东地区的保险业务较发达，超过于其他地区。其次是华南(13.68%)、华北(13.62%)、西南(12.01%)、华中(11.90%)、东北(6.25%)，最后是西北(5.57%)。

根据权数指标可以得出，华北地区中，河北的汽车保费占比最大(39.85%)；东北地区中，辽宁的汽车保费占比最大(52.26%)；华东地区中，江苏的汽车保费占比最大(23.43%)；华中地区中，河南的汽车保费占比最大(42.60%)；华南地区中，广东的汽车保费占比最大(82.38%)；西南地区中，四川的汽车保费占比最大(39.85%)；西北地区中，陕西的汽车保费占比最大(37.25%)。

第4章
汽车保险保费收入月度指标预测研究

4.1 季节调整模型

统计调查的汽车保险相关数据是年度序列时,不存在季节性因素,也无需对数据进行季节性调整。随着汽车保险业的发展以及人们对汽车保险业关注程度的提高,季度或月度序列在行业分析和宏观调控中的作用越来越大。为了使不同季节的数据具有可比性,满足经济分析和管理的需要,剔除季度或月度序列中隐含的季节性因素成为经济分析的一项重要内容。另外,某汽车保险经营者如何科学制定季度或月度发展计划,直接影响其年度经营目标能否实现。为此,本章基于 2019—2021 年某省 15 地市的汽车保险业务月度保费收入指标,采用季节调整模型,预测 2022 年甚至今后若干年份的月度保费收入数额,为车险经营者科学地制定短期计划提供决策依据参考范例。

4.1.1 季节调整模型的相关理论

季节性因素是每年重复出现的循环变动,其是以 4 个季度或 12 个月为周期的周期性影响,由气候变化、风俗习惯、假期、销售、社会制度等因素所引起。经济统计中,季度、月度数据都或多或少具有季节变动的因素,用季度或月份作为时间观测单位的经济时间序列,一般都具有一年一度的周期性变化。季节因素的影响会造成这种周期性变化,该周期性变化在经济分析中被称为季节性波动。

经济时间序列有非常显著的季节性波动,其他客观变化规律往往被其混淆或遮盖,对经济增长速度和宏观经济形势的分析造成困难。因此,进行经济增长分析前必须去掉季节波动的影响。把季节因素从原序列中剔除的过程我们称为"季节调整"。

所谓季节调整,就是一个从时间序列中估计和剔除季节影响的过程,目的是更好地揭示季度或月度序列的特征或基本趋势。

季节调整理论认为,周期因素、趋势因素、偶然因素等构成了时间序列数据的季节性变化。周期因素是时间序列中持续具有周期性的波动;趋势因素反映的是经济现象中总体的长期演变方向;偶然因素反映的是其他由规律因素无法解释的残差或随机因素产生的变化,它包括经济活动参与者们的不稳定决策、数据程序或样本错误以及非正常事件,如自然灾害、罢工等对经济活动的影响。

4.1.2 季节调整模型的建立

选用季节调整模型,需要近几年的季度或月度数据,数据可通过保险行业协会统计渠道获得。获得数据后,整理建立乘法模型,计算获得季节指数。季节指数是为了从时间序列中消除季节影响,以获得消除季节影响后的时间序列值。通过时间序列值确定趋势。进行预测的最后一步是用季节指数调整趋势预测值,即最终的预测值。因此,基于季节调整模型的短期预测方法,由建立乘法模型、计算季节指数、消除时间序列的季节影响、利用消除季节影响的时间序列确定趋势、季节调整这几个步骤构成。

4.1.2.1 建立乘法模型

设时间序列含有趋势成分(T)、季节成分(S)和不规则成分(I)。设用 T_t、S_t、I_t 分别表示第 t 期的趋势成分、季节成分和不规则成分。用 Y_t 表示时间序列的数值,则它可由乘法模型描述为 $Y_t = T_t \times S_t \times I_t$。

4.1.2.2 计算季节移动平均数

移动平均又称移动平均线,简称均线,是技术分析中分析时间序列数据的工具。移动平均可抚平短期波动,反映出长期趋势或周期。计算移动平均数的目的是分离趋势成分、季节成分和不规则成分。设某个时间序列形式见表4-1。

时间序列的形式 表4-1

年	季 度	数值(Y_t)
1	1	Y_1
	2	Y_2
	3	Y_3
	4	Y_4
2	1	Y_5
	2	Y_6
	3	Y_7
	4	Y_8
3	1	Y_9
	2	Y_{10}
	3	Y_{11}
	4	Y_{12}

由于利用的是季度资料,因此在计算每一个移动平均数时使用4项数据,可得到第1个移动平均数:

$$A_1 = \frac{Y_1 + Y_2 + Y_3 + Y_4}{4} \tag{4-1}$$

去掉第1年第1季度的数值 Y_1,加上第2年第1季度的数值 Y_5,可得到第2个移动平均数:

$$A_2 = \frac{Y_2 + Y_3 + Y_4 + Y_5}{4} \tag{4-2}$$

同理,第3个移动平均数:

$$A_3 = \frac{Y_3 + Y_4 + Y_5 + Y_6}{4} \tag{4-3}$$

后面的移动平均数可按此方法依次获得。

4.1.2.3 计算中心化的移动平均数

移动平均数的步长是四个季度,没有中间季度,因此计算出的移动平均数无法直接对应在时间序列的季度上。如第1个移动平均数A_1对应在第二季度和第三季度中间,第2个移动平均数A_2对应在第三季度和第四季度中间。因此,用移动平均数的中间值来解决这个问题。

用$B_3 = \frac{A_1 + A_2}{2}$作为第三季度的移动平均数,$B_4 = \frac{A_2 + A_3}{2}$作为第四季度的移动平均数,后面几个季度的移动平均数可按此方法依次获得。这个结果称为"中心化的移动平均数"。

4.1.2.4 计算季节指数

季节指数是一种以相对数表示的季节变动衡量指标。因为只根据一年或两年的历史数据计算而得的季节变动指标,往往含有很大的随机波动因素,故在实际预测中通常需要掌握和运用三年的分季历史数据。

一年四个季度的季度指数之和为400%,每个季度季节指数平均数为100%。季节变动表现为各季的季节指数围绕100%波动,表明各季汽车保险保费收入量与全年平均数的相对关系。如汽车保险第一季度的季节指数为125%,这表明该商品第一季度的销售量通常高于年平均数25%,属旺季;若第三季度的季节指数为73%,则表明该商品第三季度的销售量通常低于年平均数27%,属淡季。

通过季节指数,便可以用趋势预测值来计算准确的预测值。用时间序列的每一个数值除以相应的中心化移动平均数,可以确定时间序列的季节不规则影响值$S_t I_t = Y_t / B_t$见表4-2。

中心化的移动平均数和季节不规则影响值　　　　表4-2

年	季　度	数值(Y_t)	中心化的移动平均数(B_t)	季节不规则影响值($S_t I_t$)
1	1	Y_1	—	—
	2	Y_2	—	—
	3	Y_3	B_3	$S_3 I_3$
	4	Y_4	B_4	$S_4 I_4$
2	1	Y_5	B_5	$S_5 I_5$
	2	Y_6	B_6	$S_6 I_6$
	3	Y_7	B_7	$S_7 I_7$
	4	Y_8	B_8	$S_8 I_8$
3	1	Y_9	B_9	$S_9 I_9$
	2	Y_{10}	B_{10}	$S_{10} I_{10}$
	3	Y_{11}	—	—
	4	Y_{12}	—	—

因为季节不规则影响值在年与年间的波动仅由规则成分引起,所以计算其平均数以消除不规则成分的影响,从而得到季节指数 S_t。如第 3 季度季节指数: $S_3 = \dfrac{S_3 I_3 + S_7 I_7}{2}$。

需要注意的是,在计算季节指数时,有时需要对季节指数进行调整。乘法模型要求平均季节指数等于1,即季节影响在一年内是持平的。

4.1.2.5 消除时间序列的季节影响

找出季节指数的目的是从时间序列中消除季节影响,根据乘法模型,用时间序列的每个数值除以相应的季节指数,则可以对时间序列消除季节影响。即消除季节影响的时间序列值为 Y_t/S_t。

4.1.2.6 利用消除季节影响的时间序列确定趋势

消除季节影响的时间序列值具有线性趋势,对于这个线性趋势,趋势预测值是时间函数,即 $T_t = b_0 + b_1 t$。T_t 为第 t 期的趋势值,b_0 为趋势线截距,b_1 为趋势线的斜率,t 为时间,$t = i$ 对应消除季节影响后的时间序列第 i 个值。

计算 b_0, b_1:

$$b_1 = \dfrac{\dfrac{\sum t T_t - (\sum t \sum T_t)}{n}}{\dfrac{\sum t^2 - (\sum t)^2}{n}} \tag{4-4}$$

$$b_0 = \overline{T} - b_1 \overline{t} \tag{4-5}$$

其中:T_t 表示第 t 期消除季节影响后的时间序数值,而不是时间序列的原始值;n 为时期的个数,$\overline{T}$ 为消除季节影响后的时间序列的平均值,即 $\overline{T} = \sum \dfrac{T_t}{n}$。$\overline{t}$ 为 t 的平均值,即 $\overline{t} = \sum \dfrac{t}{n}$。

$T_t = b_0 + b_1 t$ 可用来推测未来时间序列的趋势成分,如将 $t = 13$ 代入方程,得到下一个季度的预测值。

4.1.2.7 季节调整

对同时拥有趋势成分和季节成分的时间序列,进行预测的最后一步是用季节指数调整趋势预测值,即最终预测值为趋势预测值乘以季节指数(表 4-3)。

最终预测值得计算 表 4-3

年	季 度	趋势预测值(T_t)	季节指数(S_t)	最终预测值($T_t S_t$)
4	1	T_{13}	S_1	$T_{13} S_1$
	2	T_{14}	S_2	$T_{14} S_2$
	3	T_{15}	S_3	$T_{15} S_3$
	4	T_{16}	S_4	$T_{16} S_4$

4.1.2.8 基于月度资料的模型

在许多预测中,月度资料更为常见,用 12 个月的移动平均数代替 4 个季度的移动平均数,计算每个月的季节指数,而不是每个季度的季节指数。除此之外,计算和预测方法是一样的。

4.2 汽车保险保费收入月度指标预测

下面以某省 15 地市 2019—2021 年的汽车保险业保费收入为研究对象，分析季节调整模型的应用。

4.2.1 汽车保险市场的波动特征分析

保险市场是指保险商品交换关系的总和或保险商品供给与需求关系的总和。汽车保险市场即指汽车保险的供给与需求关系总和。保费收入是汽车保险市场的重要指标，某省 15 地市 2019—2021 年 1—12 月汽车保险业保费收入见表 4-4，变化趋势如图 4-1 所示。

2019—2021 年 1—12 月某省 15 地市汽车保险保费收入（单位：亿元） 表 4-4

月份(月)	2019 年	2020 年	2021 年
1	49.18	42.56	42.43
2	21.89	27.51	26.81
3	47.50	58.96	50.85
4	43.95	38.39	46.21
5	41.88	41.71	42.86
6	42.44	44.78	42.72
7	39.03	45.14	40.53
8	43.58	44.84	43.03
9	48.48	46.31	45.25
10	46.87	41.42	45.38
11	56.09	46.44	51.05
12	63.53	55.77	60.89

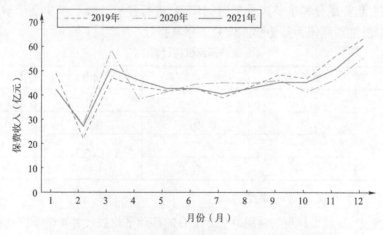

图 4-1 2019—2021 年 1—12 月某省 15 地市汽车保险保费收入

从某省 15 地市 2019—2021 年汽车保险月度保费收入变化来看,汽车保险市场发展具有明显的波动特征,具有波峰和波谷;同时,三年的月度走势基本相同,总体态势稳定。

某省 15 地市汽车保险保费收入存在明显的季节性波动规律变化的原因有以下几点。

(1)春节假期:春节假期一般在 2 月份,无论是工作日数量,还是消费需求都会大大减少,导致 2 月份是汽车保险市场全年的一个低谷。

(2)3 月份高峰:新年伊始,工作生活步入正轨,消费需求释放,保费收入猛增,3 月的汽车保险市场一般较理想。

(3)高温假期:7—8 月天气炎热,客户对汽车需求萎缩,导致汽车保险保费收入下降,因此 7—8 月汽车保险收入往往是一年中较低的。

(4)金九银十:汽车销售行业一般在 9、10 月份有丰富的促销活动,同时这个季度还有较多新车上市,加之"十一"假期等因素影响,汽车销量将会提高,引起汽车保险保费的收入也随之增加,所以 9、10 月份的汽车保费收入较高。

(5)年底促销:为了完成年度目标,汽车厂家或销售企业,一般在年底 11、12 月份推出各种促销活动,增加汽车销售额,所以汽车保险的保费收入在 12 月份往往也是全年的一个高峰。

为了深入研究这个因素,通过选用时间序列分析中的季节因子来定量化地描述销量受周期因素影响的程度。季节因子是每个月的销量与年度平均月销量间的比值(表 4-5),变化趋势如图 4-2 所示。

2019—2021 年 1—12 月某省 15 地市汽车保险收入季节因子   表 4-5

月份(月)	年份(年)		
	2019	2020	2021
1	1.08	0.96	0.95
2	0.48	0.62	0.60
3	1.05	1.33	1.13
4	0.97	0.86	1.03
5	0.92	0.94	0.96
6	0.94	1.01	0.95
7	0.86	1.01	0.90
8	0.96	1.01	0.96
9	1.07	1.04	1.01
10	1.03	0.93	1.01
11	1.24	1.04	1.14
12	1.40	1.25	1.36

从图 4-2 中可以看出,11、12 月份及 3 月份是全年销售最高的月份,月销量甚至可比平均水平高出 20% 以上;受春节假期的影响,2 月份市场遇冷,月销量仅为平均值的 60% 左右;

3月份形势开始好转,市场恢复,迎来节后销售的第一个小高峰;6、8月份是传统淡季,市场低迷,月销量均低于年平均值。对比年内旺季与淡季的汽车保险市场表现,不难看出,即使汽车保险市场的发展规律不发生任何变化,保费收入也会存在较大波动。尽管全国汽车保险市场存在明显的季节性消费特征,但这些特征并不是一成不变的。每年的季节因子都已经出现了一些变化。这些变化主要是受我国汽车保险市场所处的发展阶段、主要消费群体及外围环境发生改变的影响。如上文所述,春节、3月份高峰、金九银十以及年底促销等,都是汽车保险市场发展的周期性因素。

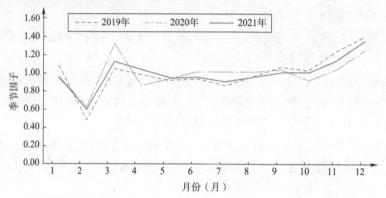

图 4-2 2019—2021 年 1—12 月某省 15 地市汽车保险保费收入季节因子变化趋势

4.2.2 汽车保险保费收入月度指标预测

4.2.2.1 确定汽车保险保费收入时间序列

以某省 15 地市 2019—2021 年的汽车保险保费收入为时间序列的原始值见表 4-4。

4.2.2.2 计算汽车保险保费收入时间序列的季节指数

首先计算中心化的移动平均数,数值见表 4-6,B_t 表示我国汽车保险保费收入的中心化移动平均数。这里以月为单位,所以使用 12 项数据。

中心化移动平均数   表 4-6

中心化移动平均数	数值	中心化移动平均数	数值	中心化移动平均数	数值
$B7$	45.09	$B15$	46.48	$B23$	44.44
$B8$	45.05	$B16$	46.16	$B24$	44.40
$B9$	45.76	$B17$	45.53	$B25$	44.12
$B10$	46.01	$B18$	44.81	$B26$	43.86
$B11$	45.77	$B19$	44.48	$B27$	43.74
$B12$	45.86	$B20$	44.45	$B28$	43.86
$B13$	46.21	$B21$	44.08	$B29$	44.22
$B14$	46.52	$B22$	44.07	$B30$	44.62

通过中心化的移动平均数求季节不规则影响值见表 4-7。计算季节不规则影响值的平均值,得到各月的季节指数见表 4-8。季节指数反映了该季度与总平均值间的一种较稳定关

第4章 汽车保险保费收入月度指标预测研究

系。如果这个比值大于1,就说明该季度的值常常会高于总平均值。如果这个比值小于1,就说明该季度的值常常低于总平均值。如果序列的季节指数都近似等于1,那就说明该序列没有明显的季节效应。

汽车保险保费收入的季节不规则影响值　　　　　　　　　　表4-7

年份 (年)	月份 (月)	某省15地市汽车保险 保费收入(亿元)	中心化的移动 平均数	季节不规则 影响值
2019	1	49.18	—	—
	2	21.89	—	—
	3	47.5	—	—
	4	43.95	—	—
	5	41.88	—	—
	6	42.44	—	—
	7	39.03	45.09	0.8656
	8	43.58	45.05	0.9674
	9	48.48	45.76	1.0594
	10	46.87	46.01	1.0187
	11	56.09	45.77	1.2255
	12	63.53	45.86	1.3853
2020	1	42.56	46.21	0.9210
	2	27.51	46.52	0.5914
	3	58.96	46.48	1.2685
	4	38.39	46.16	0.8317
	5	41.71	45.53	0.9161
	6	44.78	44.81	0.9993
	7	45.14	44.48	1.0148
	8	44.84	44.45	1.0088
	9	46.31	44.08	1.0506
	10	41.42	44.07	0.9399
	11	46.44	44.44	1.0450
	12	55.77	44.40	1.2561
2021	1	42.43	44.12	0.9617
	2	26.81	43.86	0.6113
	3	50.85	43.74	1.1626
	4	46.21	43.86	1.0536
	5	42.86	44.22	0.9692

续上表

年份(年)	月份(月)	某省15地市汽车保险保费收入(亿元)	中心化的移动平均数	季节不规则影响值
2021	6	42.72	44.62	0.9574
	7	40.53	—	—
	8	43.03	—	—
	9	45.25	—	—
	10	45.38	—	—
	11	51.05	—	—
	12	60.89	—	—

汽车保险保费收入的季节指数　　表4-8

月份(月)	汽车保险保费收入的季节指数(S_t)	月份(月)	汽车保险保费收入的季节指数(S_t)
1	0.9414	7	0.9402
2	0.6013	8	0.9881
3	1.2155	9	1.0550
4	0.9426	10	0.9793
5	0.9427	11	1.1352
6	0.9784	12	1.3207

由表4-8可知,3月、9月、11月和12月的保费收入季节指数大于1,说明这几个月的汽车保险签单保费收入高于总平均值。而其他月份的汽车保险签单保费收入的季节指数小于1,说明这几个月份的汽车保险保费收入低于总平均值。这也提醒保险公司应该合理规划自己的销售计划,在每个月份制定合理的销售计划方案。

4.2.2.3　消除汽车保险保费收入时间序列的季节影响

用我国汽车保险保费时间序列的原始值除以各月对应的季节指数以消除季节影响,结果见表4-9。

2019—2021年各月汽车保险保费收入消除季节影响的时间序列的数值　　表4-9

年份(年)	月份(月)	数值(Y_t)	Y_t/S_t
2019	1	49.18	52.24
	2	21.89	36.40
	3	47.50	39.08
	4	43.95	46.63
	5	41.88	44.43
	6	42.44	43.38
	7	39.03	41.51

续上表

年份(年)	月份(月)	数值(Y_t)	Y_t/S_t
2019	8	43.58	44.10
	9	48.48	45.95
	10	46.87	47.86
	11	56.09	49.41
	12	63.53	48.10
2020	1	42.56	45.21
	2	27.51	45.75
	3	58.96	48.51
	4	38.39	40.73
	5	41.71	44.25
	6	44.78	45.77
	7	45.14	48.01
	8	44.84	45.38
	9	46.31	43.90
	10	41.42	42.30
	11	46.44	40.91
	12	55.77	42.23
2021	1	42.43	45.07
	2	26.81	44.59
	3	50.85	41.83
	4	46.21	49.02
	5	42.86	45.47
	6	42.72	43.66
	7	40.53	43.11
	8	43.03	43.55
	9	45.25	42.89
	10	45.38	46.34
	11	51.05	44.97
	12	60.89	46.10

4.2.2.4 利用消除季节影响的汽车保险保费收入时间序列确定趋势

利用上述消除了季节影响的时间序列的数值,计算出 $b_1 = -0.0028$,$b_0 = 44.7366$,则预测模型为:

$$T_t = 44.7366 - 0.0028t \qquad (4\text{-}6)$$

将 $t=37\sim49$ 带入公式可得到 2022 年某省 15 地市的汽车保险保费收入趋势预测值见表 4-10。

2022 年某省 15 地市汽车保险保费收入各月的趋势预测值（单位：亿元）　　表 4-10

月份（月）	趋势预测值（T_t）	月份（月）	趋势预测值（T_t）
1	44.63	7	44.62
2	44.63	8	44.61
3	44.63	9	44.61
4	44.62	10	44.61
5	44.62	11	44.61
6	44.62	12	44.60

4.2.2.5　季节调整

用 2022 年某省 15 地市各月汽车保险保费收入趋势预测值乘以 1—12 月对应的季节指数，得到最终预测值见表 4-11，其与 2021 年比较如图 4-3 所示。

2022 年 1—12 月某省 15 地市汽车保险保费收入月度的最终预测值（单位：亿元）　表 4-11

月份（月）	最终预测值	月份（月）	最终预测值
1	41.11	7	45.28
2	26.39	8	45.01
3	56.61	9	46.87
4	37.11	10	41.93
5	40.88	11	46.61
6	44.59	12	56.02

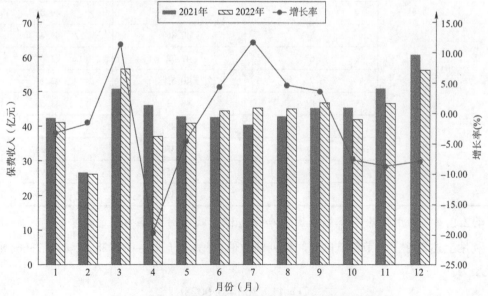

图 4-3　某省 15 地市汽车保险保费收入 2021 和 2022 年比较

4.2.2.6 结论

(1)从 2022 年某省 15 地市汽车保险保费收入预测来看,总量预计达到 528.41 亿元,同比降低 1.78%;从月度数据来看,有 5 个月份同比增长、7 个月份同比下降。15 地市的汽车保险管理部门应注意保费收入下降趋势,积极采取强化服务、产品创新等相关措施,以提高行业保费收入。

(2)由实证研究可知,利用基于季节调整模型的预测方法,对汽车保险市场进行短期预测是可行的。随着时间的推移,不断将一定时期内的最新保费收入数据作为原始时间序列,可以实现对汽车保险业的滚动预测。

第 5 章
汽车保险需求建模研究

近年来,伴随机动车保有量的不断增加,家庭和企业对汽车保险需求越来越高。国内外的文献研究表明,汽车驾驶技术、风险发生概率对汽车保险的需求有显著影响。具体来说,经济、交通、风险、文化等,都是影响汽车保险需求的因素。而且,鉴于市场的多主体、多变迁特性,实际生活中还有诸多因素会影响汽车保险的需求量,如性别、受教育程度、法律环境以及地区文化等差异。因此,研究影响汽车保险需求的各种因素,对推动汽车保险业务的进程具有重要意义。构建汽车保险需求的多元线性回归模型,对影响汽车保险需求的各类因素进行显著性分析,进而评价我国汽车保险的需求弹性。

5.1 我国汽车保险需求影响因素分析

本节将从影响汽车保险需求的经济因素、交通因素、风险因素、社会政策因素等四个方面进行分析。

5.1.1 经济因素

本书选择城镇居民可支配收入和消费者物价指数两个指标进行,对影响汽车保险需求的经济因素分析。

5.1.1.1 城镇居民可支配收入

很多省份已不再区分城镇与农村,城镇居民可支配收入可以代表一个地区的经济发展水平。城镇居民可支配收入是衡量居民生活水平的重要指标之一,指人民能够自由支配的收入。经济学理论认为,居民可支配收入的高低直接影响居民的购车能力。事实证明,投保人的收入水平越高,其所花费在保险上的金额也相对越高。由表 2-5 可知,2001—2020 年我国城镇居民人均收入呈现逐年增加趋势。

5.1.1.2 消费者价格指数

通货膨胀对汽车保险需求的影响可归纳为两方面:第一,通货膨胀造成货币贬值,进而使汽车保险保费上升,这一影响将直接导致汽车保险需求增长速度的下降或者保险需求量的减少;第二,通货膨胀会间接引起一些环境变量的变化,不仅使消费者的购买力下降,对于保险公司而言,同样的赔付额较以前的补偿作用显著降低。也就意味着,与其他替代品相比,汽车保险的预期收益将发生变化,从而影响居民对保险的需求。

通过分析可知通货膨胀率的变化与消费者的车险购买需求成反比。在构建汽车保险需求模型时,用消费者物价指数来度量通货膨胀率。图 5-1 所示为 2001—2020 年我国居民消费价格指数的变化情况。由图 5-1 可知,这 20 年我国居民消费价格指数呈稳步增长的趋势。

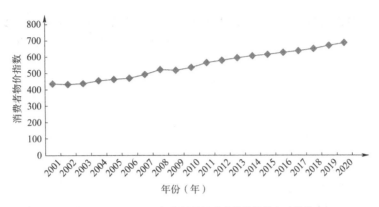

图 5-1 2001—2020 年我国居民消费价格指数变动趋势

5.1.2 交通因素

车辆数量和路网建设等交通因素,对汽车保险需求有显著影响。考虑指标的可量化,以私人汽车保有量和人均道路面积为指标进行分析。

5.1.2.1 私人汽车保有量

我国经济的飞速发展助力私人汽车保有量的迅速增加,但交通事故发生率也随之增加。汽车保险是规避汽车使用风险的有效管理方法,能将车主发生交通事故造成的经济赔偿责任转嫁给保险公司。因此,私人汽车保有量无形中促进了汽车保险需求量的增加。与此同时,私人汽车数量的增加也带动了汽车保险的个性化发展。因此,私人汽车保有量也是影响汽车保险需求的重要因素之一。图5-2 显示了2001—2020 年我国私人汽车保有量的变化情况,可知我国私人汽车保有量由 2001 年的 770.78 万辆增长到 2020 年的 24291.19 万辆,呈现出不断增长的趋势。

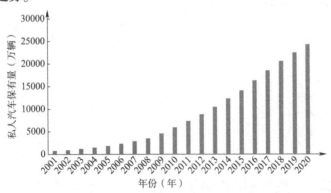

图 5-2 2001—2020 年我国私人汽车保有量的变化趋势

5.1.2.2 人均道路面积

汽车保有量的激增推动着道路基础设施的建设速度。反过来说,道路交通状况也影响着人们对汽车的购买欲望,继而影响汽车保险及其配套服务的销售状况。当汽车行驶的道路条件良好且人们手里有足够的资金时,人们就更愿意享受亲自驾驶的乐趣,从而提高了人们对汽车的购买欲;反之,道路交通条件差,就会削弱人们自主驾驶的欲望,使其更愿意乘坐公共交通工具代步。实践证明,道路交通条件是汽车事故发生率的重要原因之一,间接影响汽车保险的需求。因此,道路条件是影响汽车保险需求产生的重要因素之一。以人均道路面积作为道路交通条件的衡量指标,2001—2020年我国人均道路面积的变化情况如图5-3所示。由图5-3可知,2001—2020年我国人均道路面积呈现出逐步增长的趋势。

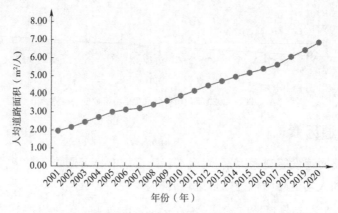

图5-3　2001—2020年我国人均道路面积的变化趋势

5.1.3　风险因素

汽车事故是人身伤亡和财产损失的主要风险因素,选择适用一般程序处理的道路交通事故发生数量作为汽车保险需求的衡量指标之一。汽车事故的发生数量与损失往往呈正相关性,即汽车事故的发生数量越多,人身伤亡和财产损失相对越大,人们对汽车保险的需求也就越大。图5-4所示为2001—2020年我国汽车保险的保费收入及适用一般程序处理的道路交通事故数量的变化情况。

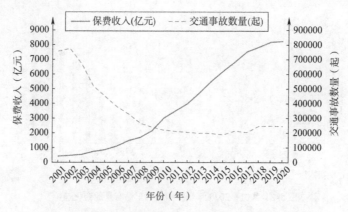

图5-4　2001—2020我国保费收入及交通事故数量的变化趋势

由图5-4可知,2002年我国适用一般程序处理的道路交通事故发生的数量为773137起,是2001—2020年交通事故数量发生最多的一年。2001—2011年的道路交通事故发生数量整体呈下降趋势,2012—2020年,每年道路交通事故发生数量变化不大,但交通事故数基数一直很大,无形中刺激汽车保费收入的增长。

5.1.4 法律政策因素

影响汽车保险需求的法律政策因素,主要有收入分配政策、强制保险政策以及我国的社会经济制度等。

5.1.4.1 收入分配政策

公平的收入分配制度能缩短人民的收入水平差距,提升人民的平均消费水平,增强人民购买汽车和汽车保险的能力。而不公平的收入分配制度会逐渐拉大人民的收入水平差距,削弱人民的平均消费水平,拉低人民购买汽车和汽车保险的能力。

5.1.4.2 强制保险政策

强制保险是指国家通过立法的手段,法定要求符合一定条件的居民购买保险。机动车交通事故责任强制保险条例的出台,规定购买汽车的车主必须购买交强险,从而刺激了汽车保险的需求量。

5.1.4.3 社会经济制度

市场经济时,社会经济制度的表现是:个人和企业的风险由自己承担,个人和企业根据自己的需求和经济能力自行选择购买相应的汽车保险产品。

5.2 我国汽车保险需求建模研究

本节采用多元回归模型估计我国汽车保险的需求函数,并对我国汽车保险需求影响因素的显著性做相关分析。多元回归模型是保险需求变量显著性估计的常用方法,模型中的系数是指被解释变量关于解释变量的弹性。量的相对变化率,表示绝对数的变量,取自然对数后,自然对数模型在数学上的模型参数可以表示一个变量的相对变化率,引起另一个变量相对变化的程度,即弹性。

5.2.1 相关统计指标的选取和样本数据的采集

5.2.1.1 指标选取

以我国汽车保险需求水平的年度变化为研究对象,所建模型的因变量和自变量都是采用了年度统计指标。基于期望效用论的保险需求理论提出,任何商品的购入量是价格、收入以及一些其他因素的函数。汽车保险保费收入与汽车保险需求量具有显著的正相关关系。而且,汽车保险保费收入的数据也较容易统计。因此,所建模型的因变量是我国汽车保险有效需求量,选择汽车保险保费收入来量化,用 Y 表示。通过 5.1 的综合分析,最终选取城镇居民可支配收入、居民消费价格指数、私人汽车保有量、交通事故数量、人均道路面积五个影响因素作为模型的解释变量,进而分析五个影响因素对我国汽车保险需求的影响程度。具体解释如下:

①我国城镇居民可支配收入作为第一个解释变量,用符号 H 表示。鉴于城镇居民可支配收入对汽车购买力的显著影响,从而影响人民对汽车保险的购买力。假设我国城镇居民

可支配收入与我国汽车保险的收入呈正相关关系。

②我国居民消费价格指数作为第二个解释变量,用符号 J 表示。考虑通货膨胀因素对汽车保险总保费收入的影响,一旦出现通货膨胀的情况,货币的供给量大于货币的需求量,货币贬值使汽车保险保费上升。同时,由于现实购买力下降,导致同样赔付额的补偿作用较以前明显降低,导致人们对汽车保险的需求降低。假设我国居民消费价格指数与我国汽车保险的收入呈正相关关系。

③我国私人汽车保有量作为第三个解释变量,用符号 S 表示。随着人们生活水平的不断提高,私人汽车的数量在逐渐上升。当私人汽车保有量增加时,保险的收入也会随之增加,很显然,私人汽车拥有量和我国汽车保险的保费收入呈正相关关系。

④我国人均道路面积作为第四个解释变量,用符号 X 表示。人均道路面积越大,道路状况越好,人们更愿意驾车出行,从而提高了人民对汽车的购买力,同时增加了人民对汽车保险的需求。

⑤我国适用一般程序处理的道路交通事故数量作为第五个解释变量,用符号 M 表示。通过分析 2001—2020 年道路交通事故数量及汽车保险保费收入的变化趋势,假设我国道路交通事故数量与我国汽车保险保费收入呈负相关关系。

5.2.1.2 样本数据的采集

表 5-1 显示了 2001—2020 年我国汽车保险的保费收入及五个解释变量的统计数据。

2001—2020 年我国汽车保险保费收入和模型解释变量的统计数据　　表 5-1

年份(年)	Y(亿元)	H(元)	S(万辆)	M(起)	J	X(万 m²)
2001	422.00	6824	770.78	754919	437.0	1.95
2002	472.00	7652	968.98	773137	433.5	2.16
2003	540.14	8406	1219.23	667507	438.7	2.44
2004	745.00	9335	1481.66	517889	455.8	2.72
2005	858.00	10382	1848.07	450254	464.0	3.00
2006	1107.87	11620	2333.32	378781	471.0	3.13
2007	1484.28	13603	2876.22	327209	493.6	3.21
2008	1702.52	15549	3501.39	265204	522.7	3.41
2009	2155.60	16901	4574.91	238351	519.0	3.61
2010	3004.20	18779	5938.71	219521	536.1	3.89
2011	3504.56	21427	7326.79	210812	565.0	4.17
2012	4005.17	24127	8838.60	204196	579.7	4.47
2013	4720.79	26467	10501.68	198394	594.8	4.71
2014	5515.93	28844	12339.36	196812	606.7	4.96
2015	6199.00	31195	14099.10	187781	615.2	5.19
2016	6834.22	33616	16330.22	212846	627.5	5.41

续上表

年份(年)	Y(亿元)	H(元)	S(万辆)	M(起)	J	X(万 m²)
2017	7521.10	36396	18515.11	203049	637.5	5.63
2018	7834.05	39251	20574.93	244937	650.9	6.08
2019	8188.32	42359	22508.99	247646	669.8	6.451
2020	8244.75	43834	24291.19	244674	686.5	6.87

注：数据来源于国家统计局官网。

5.2.2 模型的建立及参数估计的结果

基于上述分析，为了能保证数据的准确分析，首先需要对这些数据进行预处理，将各变量取对数。由于数据的对数能保证时间序列的性质和相互关系不发生改变，消除其中潜在的异方差现象，减小波动，并使其线性化，提高模型的精确度。即采用自然对数多元线性回归模型对汽车保险的需求进行分析，变换后的公式如下：

$$\ln Y = C_0 + C_1 \ln H + C_2 \ln J + C_3 \ln S + C_4 \ln M \ C_5 \ln X + \xi \qquad (5-1)$$

其中：C_0 为常数项；C_1、C_2、C_3、C_4、C_5 分别为回归系数；ξ 为随即项误差。

基于表 5-1 给出数据和式(5-1)所建的模型，使用 EviewS 分析软件，利用普通最小二乘法(OLS)进行参数估计，得到了汽车保险需求模型的回归结果见表 5-2。

汽车保险需求模型的回归结果　　表 5-2

参 数 项	系 数	标准误差	T 检验		R^2	F 检验	
			检验值	概率		统计值	概率
C_0	1.191165	2.428872	0.490419	0.6314	0.999101	3112.638	0
$\ln X$	−0.628824	0.224110	−2.805868	0.0140			
$\ln H$	−0.395089	0.572581	−0.690014	0.5015			
$\ln S$	1.144198	0.247165	4.629293	0.0004			
$\ln M$	−0.243450	0.048294	−5.041045	0.0002			
$\ln J$	0.728771	0.795365	0.916272	0.3750			

在显著水平为 0.05 的条件下，如果 T 检验值与 F 检验值的伴随概率小于 0.05，则说明 T 检验值与 F 检验值均分别大于 T 检验临界值与 F 检验临界值，即模型可以通过各参数的显著性检验（T 检验）和总体显著性检验（F 检验）。由表 5-2 可知，$\ln S$、$\ln J$ 的系数为正数，而 $\ln M$ 的系数为负数，这与前述的假设条件一致，即说明私人汽车保有量、消费者物价指数与汽车保险需求之间呈正相关，而道路交通事故数量与汽车保险需求之间呈负相关。$\ln H$ 和 $\ln X$ 两项的系数为负数，表明城镇居民可支配收入、人均道路面积负向影响汽车保险的需求量，这与预期假设相违背。对所建模型进行拟合检验可知，所建模型的拟合优度高达 0.999101，F 检验的结果也很理想，只是 $\ln H$、$\ln J$ 的 T 检验值太低，其伴随概率分别为 0.5015 和 0.3750，可见伴随概率远远大于 0.05 的显著性水平。因此，可以认为式(5-1)所建的模型可能存在多重共线性问题，需要对各变量进行多重共线性检验。

5.2.3 多重共线性检验

各变量之间的相关系数借助软件 EviewS 获得,分析自变量和因变量之间的相关程度见表 5-3。

汽车保险需求模型中各变量之间的相关系数　　　　表 5-3

参　数　项	参　数　项					
	$\ln Y$	$\ln X$	$\ln S$	$\ln J$	$\ln H$	$\ln M$
$\ln Y$	1.000000	0.985700	0.997318	0.988007	0.994694	-0.908101
$\ln X$	0.985700	1.000000	0.993483	0.985954	0.993517	-0.858646
$\ln S$	0.997318	0.993483	1.000000	0.992966	0.999009	-0.881800
$\ln J$	0.988007	0.985954	0.992966	1.000000	0.996151	-0.848961
$\ln H$	0.994694	0.993517	0.999009	0.996151	1.000000	-0.868339
$\ln M$	-0.908101	-0.858646	-0.881800	-0.848961	-0.868339	1.000000

由表 5-3 可知,城镇居民可支配收入、人均道路面积与汽车保险保费收入的相关系数分别为 0.98570、0.994694,呈正相关,与表 5-2 所得的负相关关系不一致,因此式(5-1)中我国城镇居民可支配收入的系数估计有误。私人汽车保有量、消费者物价指数、城镇居民可支配收入等变量之间的相关系数均大于 0.99,意味着彼此之间存在高度正相关,模型存在严重的多重共线性问题。因此必须要舍弃式(5-1)中的某些解释变量。

5.2.4 克服多重共线性

为了解决模型的多重共线性问题,逐步回归法被运用,以找出最简单的回归形式。逐步回归法的基本步骤如下:①选择影响最为显著的解释变量建立模型;②再将其他的变量逐个加入模型,每加入一个变量,就对模型中的所有变量进行一次显著性检验,并从中剔除不显著的变量;③逐步加入—剔除—加入,直到所有变量均不显著时为止。

5.2.4.1 一元回归模型

对模型因变量与五个自变量一一进行回归分析,结果见表 5-4。由表 5-4 可知,汽车保险保费收入受私人汽车保有量的影响最大,拟合优度系数 R^2 的值为 0.9946,且 $P<0.05$。综合考虑显著性检验结果,确定二元回归的初始回归模型为 $Y=f(S)$。

一元回归模型分析结果　　　　表 5-4

一元回归模型	$\ln X$	$\ln H$	$\ln S$	$\ln M$	$\ln J$	C_0	R^2	P
$Y=f(X)$	2.790	—	—	—	—	4.00	0.9716	$P<0.05$
$Y=f(H)$	—	1.702	—	—	—	-8.95	0.9894	$P<0.05$
$Y=f(S)$	—	—	0.918	—	—	-0.089	0.9946	$P<0.05$
$Y=f(M)$	—	—	—	-1.985	—	32.84	0.8246	$P<0.05$
$Y=f(J)$	—	—	—	—	6.666	-34.18	0.9716	$P<0.05$

5.2.4.2 二元回归模型

在确定了私人汽车保有量作为第一个被引入的变量基础上,进行二元回归,模型分析结果见表5-5。由表5-5可知,我国汽车保险保费收入受适用一般程序处理的道路交通事故数量的影响最大,拟合优度系数R^2为0.9983,且$P<0.05$。综合考虑显著性检验结果,确定三元回归的初始回归模型为$Y=f(S,M)$。

二元回归模型分析结果　　　　　　　　　　　　表5-5

二元回归模型	$\ln X$	$\ln H$	$\ln M$	$\ln J$	C_0	R^2	P
$Y=f(S,X)$	-1.115	—	—	—	-1.667	0.9967	$P<0.05$
$Y=f(S,H)$	—	-1.411	—	—	7.281	0.9960	$P<0.05$
$Y=f(S,M)$	—	—	-0.282	—	4.36	0.9983	$P<0.05$
$Y=f(S,J)$	—	—	—	-1.105	5.58	0.9950	$P>0.05$

5.2.4.3 三元回归模型

在确定了私人汽车保有量和道路交通事故数量作为前两个被引入的变量基础上,进行三元回归,模型分析结果见表5-6。

三元回归模型分析结果　　　　　　　　　　　　表5-6

三元回归模型	$\ln H$	$\ln M$	$\ln J$	C_0	R^2	P
$Y=f(S,M,H)$	-0.0178	—	—	4.44	0.9983	$P>0.05$
$Y=f(S,M,X)$	—	-0.700	—	2.71	0.9990	$P<0.05$
$Y=f(S,M,J)$	—	—	0.709	1.160	0.9984	$P<0.05$

由表5-6可知,引入城镇居民可支配收入的三元回归模型$Y=f(S,M,H)$及引入居民消费价格指数的三元回归模型$Y=f(S,M,J)$中,$P>0.05$,并且未通过T检验。人均道路面积的符号为负数与理论相违背,所以三元回归模型都不成立。筛选后的变量及分析结果见表5-7。

最终回归模型分析结果　　　　　　　　　　　　表5-7

最终回归模型	$\ln S$	$\ln M$	C_0	R^2	P
$Y=f(S)$	0.918	—	-0.089	0.9946	$P<0.05$
$Y=f(S,M)$	0.813	-0.282	4.364	0.9983	$P<0.05$

通过上述逐步回归分析,删除部分参数项,最终选择了私人汽车保有量和道路交通事故数量作为汽车保险需求的最终解释变量。由软件演示图可以看出,所选上述模型的判定系数R^2为0.9983。这表明所选模型的总离差平方和的99.83%可以被所用方程的解释变量解释,所用模型的拟合性结果比较满意。软件演示结果显示的解释变量的系数符号也和一般经验判断相同。所以经过分析得到的新的模型公式为:

$$\ln Y = C_0 + C_1 \ln S + C_2 \ln M + \xi \tag{5-2}$$

5.2.5 相关性检验

利用最小二乘法(OLS)对式(5-2)进行参数估计,通过EviewS分析软件得到汽车保险需求最终模型的回归结果见表 5-8。

汽车保险需求最终模型的回归结果　　　　表 5-8

参数项	系数	标准误差	T 检验		R^2	F 检验		DW 统计量
			检验值	概率		统计值	概率	
C_0	4.363566	0.728908	5.986439	0.0000	0.998337	5102.006	0	1.688936
$\ln S$	0.813240	0.019301	42.13417	0.0000				
$\ln M$	-0.281751	0.045851	-6.144928	0.0000				

5.2.5.1 总体显著性检验（F 检验）

由软件计算结果可知，F 统计量为 5102.006，其伴随概率为 0（<0.05）。结果表明：F 统计量在 0.05 的显著性水平下，远远大于 F 检验的临界值，认为模型总体上是显著的。

5.2.5.2 各参数的显著性检验（T 检验）

由软件计算结果可知，各自变量系数的 T 检验值对应的概率均为 0，均小于 0.05 的显著性水平。结果表明：在 0.05 的显著性水平下，各 T 检验值均大于 T 检验的临界值，可得此模型在 95% 的显著水平下，模型的解释变量私人汽车保有量和道路交通事故数量都显著，都通过了 T 检验。

5.2.5.3 自相关性检验（DW 检验）

采用检验自相关性的最常用的方法——DW 检验完成一阶自相关性检验。对于一般经济现象而言，两个随机项在时间上相差越大，前者对后者的影响就会越小。如果变量间存在自相关，最强的自相关性应表现在相邻两个随机项之间，即一阶自相关是主要的。

通常情况下，当 DW 显著接近 0 或 4 时，可认为变量间存在自相关；而接近 2 时，则不存在（一阶）自相关性。总的来说，如果下限临界值和上限临界值分别为 a 和 u，则 DW 检验的判断区间分为四类：当 $0 \leq DW \leq a$ 时，表明存在一阶正自相关性关系，且 DW 越靠近 0，则说明正自相关程度越强；当 $4-a < DW < 4$ 时，表明存在一阶负自相关性关系，并且 DW 接近 4，则说明负自相关的程度强；当 $u < DW < 4-u$ 时，认为不存在（一阶）自相关性；当 $a < DW \leq u$ 或 $4-u \leq DW \leq 4-a$ 时，则不能确定是否存在自相关性。

在显著性水平为 0.05，样本容量 $n=20$，模型中解释变量的个数 $k=2$ 时，查 Durbin-Watson 检验表可得：下限临界值 $a=1$，上限临界值 $u=1.54$。由软件计算结果可知，DW 为 1.688936，可以看出属于 $u < DW < 4-u$ 的情形，即所选模型中解释变量间不存在自相关性。

综上所述，式(5-2)中的回归结果通过了上述各项检验，将表 5-8 中的系数代入式(5-2)，最终得汽车保险需求的回归方程为：

$$\ln Y = 4.363566 + 0.813240 \ln S - 0.281751 \ln M \tag{5-3}$$

回归方程结果表明：汽车保险保费收入与私人汽车保有量呈正相关，私人汽车保有量的弹性系数为 0.813240，即在其他条件不变的时，私人汽车保有量每上升 1%，汽车保险保费上升 0.813%，说明随着私人汽车数量的上升，汽车保险的需求也越来越大，在一定程度上带动了汽车保险业务的发展。汽车险保费收入与道路交通事故数量呈负相关，道路交通事故的弹性系数为 -0.281751，即在其他条件不变的时，交通事故数量每降低 1%，汽车保险保费上升 0.282%。汽车保险需求相对于交通事故数量富有弹性。

第6章
汽车保险居民保险意识研究

为了促进我国汽车保险业的健康发展,充分了解我国汽车保险居民的保险意识,通过发放调查问卷、查询保险年鉴数据以及搜集财产保险公司承保和理赔数据等方式,从不同区域、同一时间和同一区域、不同时间等两个方面对我国汽车保险居民保险意识进行详细研究。

6.1 居民保险意识的区域调查

汽车保险属于消费商品,只有在消费者充分了解的情况下,才能产生更高消费欲望,以促进我国汽车保险业的健康发展。随着2020年9月19日《关于实施车险综合改革的指导意见》和2021年12月14日《新能源汽车商用保险专属条款(试行)》的实施,汽车保险业不断创新发展,对居民保险意识进行调查研究非常有必要。

6.1.1 调查问卷设计

6.1.1.1 保险意识的界定

保险意识是人们对保险思想、保险观念和保险心理的认知,它体现了人们对保险的概念、特征、性质、职能作用的认识和理论观点,以及对保险的需求、态度、感觉和评价。按照保险意识水平理论科学测量的要求,主要选取汽车保险认知、汽车风险意识、汽车保险态度和汽车保险行为四个方面对保险意识进行调查和分析。

(1)汽车保险认知。

汽车保险认知属于认知理论的一部分,认知现象不仅包括人们头脑中所发生的认知活动,还包括人与人、人与技术工具之间交互并实现某一活动的过程。另外,还应包括对汽车保险认识、汽车保险事故数量、投保常识的了解。

(2)汽车风险意识。

汽车风险意识主要指对即将面临的汽车风险的预判和认知,体现了居民对汽车风险主动规避的思想。主要从以下几个方面进行分析:①汽车风险认知,即能够主动识别和预判风险;②汽车风险规避,即选择合理的风险管理方法;③对生活中(或即将发生)的汽车风险做出理性判断时,是否善于利用科学辩证的思想面对风险、是否具有未雨绸缪的风险态度均能够体现出风险意识的高低。

(3)汽车保险态度。

汽车保险态度主要包括第三方对汽车保险业的评价、居民个人对汽车保险业的评价以及居民对汽车保险产品的满意度,经济学家奥立弗将顾客满意分为非常满意、满意、一般、不满意和非常不满意五种情况,另外,顾客对汽车保险销售方式态度等亦能体现参保态度。

(4)汽车保险行为。

居民对汽车保险具有清晰的认识,并结合自身情况实施具体的保险行为,才可体现居民较高水平的汽车保险意识,同时,汽车保险行为的具体实施受汽车保险意识水平的影响,因此,高水平的思想意识在经历实践检验后才具有说服力。

6.1.1.2 保险意识测量方案设计

(1)问卷设计。

在借鉴相关学者研究资料的基础上,综合考虑研究需要,设计编制我国居民汽车保险意识区域调查问卷(表6-1)。

我国居民汽车保险意识区域调查问卷　　　　　表6-1

指标	题目
基本信息	1.您所属省份?
	2.您在山东省哪个地市?(基于第1题选项2)
	3.您的年龄?
	4.您的性别?
	5.您的婚姻状况?
	6.您的文化程度?
	7.您的家庭月收入?
	8.您的家庭有无家庭自用汽车?
	9.您的购车时间?
	10.您所从事的工作?
汽车保险认知	11.您是否了解汽车保险知识?
	12.您认为汽车保险产品或理赔对自己的重要程度是如何?
	13.您认同汽车保险的功能是将风险转移给保险公司吗?
	14.与五年前相比,您对汽车保险的产品种类的认知程度发生了怎样的变化?
	15.您上一年度用车过程中出过几次事故?
	16.您是否认为购买保险后,保险公司就会100%赔偿?
汽车风险意识	17.您对洪涝、水淹这一风险事故的态度是怎样的?
	18.您认为未来是否会发生汽车风险?
	19.面对汽车风险事故,您对自己应对汽车风险的能力评价?
	20.您是否留意过生活中存在的汽车安全隐患?
	21.您是否认同风险是一把双刃剑?
	22.与五年前相比,您对汽车保险的意识有怎样的变化?

第6章　汽车保险居民保险意识研究

续上表

指　标	题　目
汽车保险态度	23.您认为当前社会对汽车保险行业的评价如何？ 24.你个人对汽车保险行业信誉评价如何？ 25.您是否满意如今财产保险公司车险的销售方式？ 26.您认为汽车保险对个人、对社会的意义程度是怎样的？ 27.与五年前相比，您对当下汽车保险产品种类的满意程度是怎样的？
汽车保险行为	28.与五年前相比，您主动购买汽车商业保险的积极程度是怎样的？ 29.您通过什么途径购买车险？ 30.汽车保险产品价格对于您购买汽车保险的影响程度是怎样的？ 31.与五年前相比，您看重汽车保险产品服务质量的程度是怎样的？ 32.在他人的劝诱下，您购买汽车保险的可能性有多大？ 33.您所购买的商业车险险种有哪些？ 34.您的机动车(新能源汽车)第三者责任保险,保额是多少万？(基于第33题涉及的保险产品——机动车(新能源汽车)第三者责任保险)

(2)样本量化。

调查问卷的选项除"34.您的机动车(新能源汽车)第三者责任保险,保额是多少万？"外均为单项选择题,主要测定汽车保险认知、汽车风险意识、汽车保险态度和汽车保险行为等四个评价指标中调查对象对不同问题的满意程度,包括非常满意、满意、一般、不满意、非常不满意,并采用李克特五级量表的方式对问卷的五个选项分别赋值,即5、4、3、2、1,以此获得不同指标的具体分值,将问卷样本进行量化。

(3)标准量化。

针对上述调查问卷,汽车保险意识水平量化题目共计21题,满分为105分,按照百分制折合成100分,确定汽车保险意识水平的量化标准,具体标准见表6-2。

汽车保险意识水平的量化标准　　　　　　　　　　　　　　　表6-2

分　数　区　间	汽车保险意识程度
[80,100]	高
[60,80)	较高
[40,60)	一般
[0,40)	较低

6.1.2　调查问卷描述性统计及有效性分析

6.1.2.1　调查对象与方法

为充分调查我国不同区域、同一时间和同一区域、不同时间的居民汽车保险意识,借助问卷星以采用电子问卷调查的方法,选取了东北的吉林省、华东的山东省、华南的广东省、西南的四川省、西北的陕西省和宁夏回族自治区五大地理区域的六个典型省级行政区,其中,对山东省16地市进行单独调查统计分析。本轮调查总计发放问卷2743份,回收有效问卷2743份,回收有效率100%,调查对象的分布情况见表6-3。

调查对象分布情况　　　　　　　　表6-3

类别	具体情况		频数	比重(%)
区域	东北	吉林省	102	3.72
	华南	广东省	114	4.16
	西南	四川省	152	5.54
	西北	陕西省	124	4.52
		宁夏回族自治区	141	5.14
	华东	山东省 济南市	231	10.95
		青岛市	140	6.64
		淄博市	113	5.36
		枣庄市	152	7.2
		东营市	108	5.12
		烟台市	156	7.39
		潍坊市	140	6.64
		济宁市	123	5.83
		泰安市	128	6.07
		威海市	110	5.21
		日照市	109	5.17
		滨州市	107	5.07
		德州市	110	5.21
		聊城市	115	5.45
		临沂市	104	4.93
		菏泽市	164	7.77
年龄(岁)	18~25		682	24.86
	26~35		1079	39.34
	36~45		721	26.29
	46~60		242	8.82
	≥61		19	0.69
性别	男		1811	66.02
	女		932	33.98
婚姻状况	已婚		1788	65.18
	未婚		955	34.82

续上表

类　　别	具体情况	频　　数	比重(%)
文化水平	高中及以下	389	14.18
	大专	858	31.28
	本科	1197	43.64
	硕士	239	8.71
	博士及以上	60	2.19
家庭月收入（元）	8000以下	1428	52.06
	8001–12000	681	24.83
	12001–16000	285	10.39
	16001–20000	155	5.65
	20000以上	194	7.07
有无家庭自用汽车及家庭自用汽车类别	机动车	2145	78.2
	新能源汽车	160	5.83
	无	438	15.97
购车时间	2015年之前	798	34.58
	2015—2016年	392	16.98
	2017—2018年	415	17.98
	2019—2020年	410	17.76
	2021年及以后	293	12.69
所从事工作	公务员、事业单位	301	10.97
	国企	320	11.67
	汽车保险行业	861	31.39
	二手车行业	52	1.9
	其他	1209	44.08
总计		2743	100

由表6-3可知：

(1)区域分布。

对山东省16地市进行单独统计,调查对象中济南市占比最高(10.95%),其余15地市分布比较均匀,另外,吉林省、广东省、四川省、陕西省和宁夏回族自治区分布也比较均匀,占比分别为3.72%、4.16%、5.54%、4.52%和5.14%,体现了调查对象具有一定的区域分布特色。

(2)年龄分布。

大部分调查对象年龄主要集中于26~35岁、36~45岁,分别为39.34%、26.29%,其他年龄段则分布比较分散,符合公安部发布的驾驶人数据规律。

注:据公安部统计,从驾驶人构成看,截至2021年底,在年龄方面,26~50岁驾驶人为3.40亿人,占70.71%;51~60岁驾驶人为6966万人,占14.48%。

(3)性别分布。

调查对象中男性占比66.02%、女性占比33.98%,说明调查对象主要集中在男性,符合公安部发布的驾驶人数据分布规律。

注:据公安部统计,从驾驶人构成看,截至2021年底,在性别上,男性驾驶人3.19亿人,占比66.32%;女性驾驶人1.62亿人,占比33.68%。

(4)婚姻状况分布。

调查对象中已婚占比65.18%、未婚占比34.82%,该调查对象主要集中在已婚。

(5)文化程度分布。

大部分调查对象文化程度主要集中于本科、大专,占比分别为43.64%、31.28%,其他文化程度则分布比较分散。

(6)家庭月收入分布。

大部分调查对象家庭月收入主要集中于8000元以下、8001~12000元,占比分别为52.06%、24.83%,其他家庭月收入则分布比较分散。

(7)有无家庭自用车分布。

调查对象中拥有传统燃油机动车占比78.2%、拥有新能源汽车占比5.83%、无车占比15.97%,大部分家庭选择机动车,符合公安部发布的汽车保有量数据分布规律。

注:据公安部统计,截至2021年底,全国汽车保有量达3.02亿辆,全国新能源汽车保有量达784万辆,占汽车总量的2.60%,其中,纯电动汽车保有量640万辆,占新能源汽车总量的81.63%。

(8)购车时间分布。

大部分调查对象购车时间主要集中于2015年之前(34.58%),其他购车时间段则分布比较平均,平均为15%左右。

6.1.2.2 问卷评价分析

对问卷结果进行统计,得到具体调查问卷结果见表6-4。

调查问卷结果　　　　　　　　　　　　　　　　表6-4

指标	题目	均值	指标	题目	均值	指标	题目	均值	指标	题目	均值
汽车保险认知 3.46	11	3.72	汽车风险意识 4.29	17	4.42	汽车保险态度 4.12	22	4.26	汽车保险行为 3.83	28	4.16
	12	4.48		18	3.08		23	3.79		29	3.91
	13	4.10		19	3.77		24	3.90		30	4.18
	14	4.11		20	3.99		25	3.70		31	3.50
	15	4.13		21	4.16		26	4.28		—	—
	16	3.19		—	—		27	3.99			
总分					78.87(折合满分为百分)						

由表6-4可知,四个调查指标均值分别为3.46、4.29、4.12、3.83,调查结果比较理想。调查问卷的最终调查结果总分(折合满分为百分)为78.87,根据表6-2中汽车保险意识水平的量化标准可知,我国居民的汽车保险意识水平较高,但还仍有上升空间。

6.1.2.3 信度分析

信度分析即可靠性分析,它是指采用同一方法对同一对象进行重复测量时,测量结果的一致性程度,并判断是否具有一定可靠性和稳定性的分析方法。信度分析方法主要包括:重测信度法、复本信度法、折半信度法、α信度系数法四种,本文选用最常用的α信度系数法。

目前,最常用的信度系数是克朗巴哈α信度系数:

$$\alpha = \left[\frac{k}{(k-1)}\right] \times \frac{1-(\sum Si^2)}{ST^2} \tag{6-1}$$

其中:k为量表中题项的总数;Si^2为第i题得分的题内方差;ST^2为全部题项总得分的方差。

由式(6-1)可知,α系数是评价量表中各题项得分的一致性,因此,α系数属于内在一致性系数,适用于态度、意见式调查问卷的信度分析。

通过调查问卷的信度分析可以判断问卷设计量表是否满足调查信息的需要,因此,信度系数的评级必须有一定标准。总量表的信度系数最好在0.8以上,[0.7,0.8]之间可以接受;分量表的信度系数最好在0.7以上,[0.6,0.7]之间可以接受。克朗巴哈α系数如果小于0.6,则需要考虑重新设计编排问卷。

选取用克朗巴哈系数作为信度分析的依据,利用SPSS分析工具进行α信度分析。调查问卷的α信度分析见表6-5。

调查问卷的α信度分析　　表6-5

指标	汽车保险认知	汽车风险意识	汽车保险态度	汽车保险行为	总量表
α	0.677	0.676	0.897	0.727	0.905

由表6-5可知:

(1)总量表的α为0.905,因此,本调查问卷总体具有良好的信度。

(2)四项指标分析,汽车保险认知的α为0.677,汽车风险意识的α为0.676,可能是因为克朗巴哈系数一定程度上与项目数量及问题数量有关,本问卷每个指标维度只有5~6题可能产生一定影响。

6.1.3 调查问卷结果分析

6.1.3.1 我国居民保险意识调查问卷结果分析

(1)不同地区居民保险意识变化分析。

调查问卷针对广东、山东、宁夏、陕西、四川、吉林六个省/自治区目前居民的汽车风险认知、汽车风险意识、汽车保险态度、汽车保险行为四个方面进行分析。具体数据结果如图6-1所示。

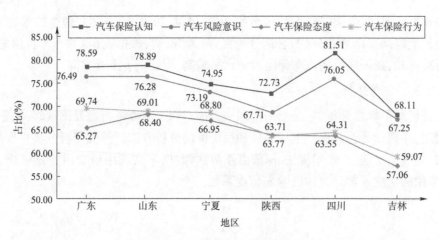

图 6-1 不同省/自治区居民保险意识变化

由图 6-1 可知：

①汽车保险认知分析。广东、山东、宁夏、陕西、四川、吉林六个省/自治区居民的汽车保险认知熟悉和非常熟悉占全部样本数据的比例均超过 65%，平均占比 75.8%。其中，最高为四川，占比 81.51%；最低为吉林，占比 68.11%。四川、山东、广东三个省份占比超过平均值，说明该三个省份居民的汽车保险认知程度相对较高；吉林、陕西、宁夏三个省/自治区占比低于平均值，说明该三个省/自治区居民的汽车保险认知程度相对较低。

②汽车风险意识分析。广东、山东、宁夏、陕西、四川、吉林六个省/自治区居民的汽车风险意识强和非常强占全部样本数据的比例均超过 65%，平均占比 73%。其中，最高为四川，占比 76.05%；最低为吉林，占比 67.25%。四川、广东、山东、宁夏四个省/自治区占比超过平均值，说明该四个省/自治区居民的汽车风险意识相对较强；吉林、陕西两个省份占比低于平均值，说明该两个省份居民的汽车风险意识相对较弱。

③汽车保险行为分析。广东、山东、宁夏、陕西、四川、吉林六个省/自治区居民的汽车保险态度主动和非常主动占全部样本数据的比例均超过 55%，平均占比 65.77%。其中，最高为广东，占比 69.74%；最低为吉林，占比 59.07%。广东、山东、宁夏三个省/自治区占比超过平均值，说明该三个省/自治区居民的汽车保险行为相对较主动；四川、陕西、吉林三个省份占比低于平均值，说明该三个省份居民的汽车保险行为相对欠主动。

④汽车保险态度分析。广东、山东、宁夏、陕西、四川、吉林六个省/自治区居民的汽车保险行为积极和非常积极占全部样本数据的比例均超过 55%，平均占比 64.17%。其中，最高为山东，占比 68.4%；最低为吉林，占比 57.06%。山东、宁夏、广东三个省/自治区占比超过平均值，说明该三个省/自治区居民的汽车保险态度相对较积极；陕西、四川、吉林三个省份占比低于平均值，说明该三个省份居民的汽车保险态度相对欠积极。

综上所述，分指标来看，四个指标占比均超过 60%，最高为汽车保险认知 75.8%，其平均占比约 70%。分省/自治区来看，吉林四项指标的占比均为最低，相对来说，吉林居民的整体汽车保险意识相对较弱。因此，样本省/自治区居民的保险意识整体来看相对较强。

(2) 不同地区机动车居民保险意识情况分析。

调查问卷针对广东、山东、宁夏、陕西、四川、吉林六个省/自治区目前机动车居民的汽车保险认知、汽车风险意识、汽车保险态度、汽车保险行为四个方面进行分析。具体数据结果如图6-2所示。

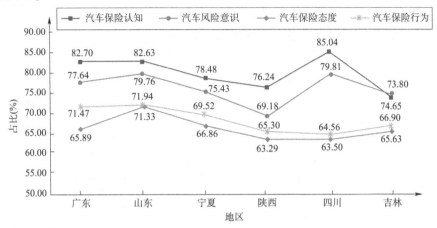

图6-2　不同省/自治区机动车居民风险意识变化

由图6-2可知：

①汽车风险认知分析。广东、山东、宁夏、陕西、四川、吉林六个省/自治区机动车居民的汽车保险认知熟悉和非常熟悉占比均超过70%，平均占比约80%。其中，最高为四川，占比高达85.04%；最低为吉林，占比73.80%。四川、广东、山东三个省份占比超过平均值，说明该三个省份机动车居民的汽车保险认知程度相对较高；宁夏、陕西、吉林三个省/自治区占比低于平均值，说明该三个省/自治区机动车居民的汽车保险认知程度相对较低。

②汽车风险意识分析。广东、山东、宁夏、陕西、四川、吉林六个省/自治区的汽车风险意识强和非常强占比均超过65%，平均占比76.08%。其中，最高为四川，占比79.81%；最低为陕西，占比69.18%。四川、山东、广东三个省份占比超过平均值，说明该三个地区机动车居民的汽车风险意识相对较强；陕西、吉林、宁夏三个省/自治区占比低于平均值，说明该三个省/自治区机动车居民的汽车风险意识相对较弱。

③汽车保险行为分析。广东、山东、宁夏、陕西、四川、吉林六个省/自治区的汽车保险态度主动和非常主动占比均超过60%，平均占比68.28%。其中，最高为山东，占比71.94%；最低为四川，占比64.56%。山东、广东、宁夏三个省/自治区占比超过平均值，说明该三个省/自治区机动车居民的汽车保险行为相对较主动；四川、陕西、吉林三个省份占比低于平均值，说明该三个省份机动车居民的汽车保险行为相对欠主动。

④汽车保险态度分析。广东、山东、宁夏、陕西、四川、吉林六个省/自治区的汽车保险行为积极和非常积极占比均超过60%，平均占比66.08%。其中，最高为山东，占比71.33%；最低为陕西，占比63.29%。山东、宁夏两个省/自治区占比超过平均值，说明该两个地区机动车居民的汽车保险态度相对较积极；陕西、四川、吉林、广东四个省份占比低于平均值，说明该四个省份机动车居民的汽车保险态度相对欠积极。

综上所述，分指标来看，四个指标占比均超过60%，最高为汽车保险认知约80%，其平均占比约72.56%。分地区来看，山东四项指标的占比相对处于高位，山东机动车居民的整体汽车保险意识相对较强；陕西四项指标的占比均相对最低，陕西机动车居民的整体汽车保险意识相对较弱;四川四项指标中汽车保险认知和汽车风险意识占比相对处于高位,而汽车保险态度和汽车保险行为占比相对处于低位,但四项指标占比均超过60%,四川机动车居民总体汽车保险意识相对较强。因此,样本省/自治区机动车居民的保险意识整体来看相对较强。

(3)不同省/自治区居民机动车商业险投保情况分析。

调查问卷针对广东、山东、宁夏、陕西、四川、吉林六个省/自治区机动车的商业险主险和附加险投保情况进行分析。具体数据结果如图6-3、图6-4所示。

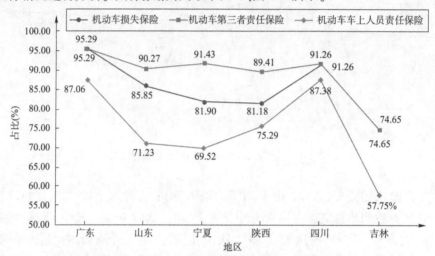

图6-3 不同省/自治区居民机动车商业险主险投保情况分析

由图6-3可知:

①机动车损失保险分析。广东、山东、宁夏、陕西、四川、吉林等六个省/自治区居民的机动车损失保险投保率均超过70%,平均占比85.02%。其中,最高为广东,占比高达95.29%;最低为吉林,占比74.65%。广东、四川、山东三个省份占比超过平均值,说明该三个省份居民的机动车损失保险认可度相对较高;吉林、陕西、宁夏三个省/自治区占比低于平均值,说明该三个省/自治区居民的机动车损失保险认可度相对较低。

②机动车第三者责任保险分析。广东、山东、宁夏、陕西、四川、吉林等六个省/自治区居民的机动车第三者责任保险投保率均超过70%,平均占比88.72%。其中,最高为广东,占比高达95.29%;最低为吉林,占比74.65%。广东、宁夏、四川、山东、陕西五个省/自治区占比超过平均值,说明该五个省/自治区居民的机动车损失保险认可度相对较高;吉林占比低于平均值,说明该地区居民的机动车第三者保险认可度相对较低。

③机动车车上人员责任保险分析。广东、山东、宁夏、陕西、四川、吉林等六个省/自治区居民的机动车车上人员责任保险投保率平均占比74.7%。其中,最高为四川,占比87.38%;最低为吉林,占比57.75%,调查样本地区三大主险投保率中最低。四川、广东、陕西三个省份占比超过平均值,说明该三个省份居民的机动车车上人员责任保险认可度相对较高;吉林、宁夏、山东三个省份占比低于平均值,说明该三个省份居民的机动车车上人员责任保险认可度相对较低。

综上所述,分险种来看,三大主险投保率除吉林机动车车上人员责任保险外均大于65%,最高为95.29%;而吉林机动车车上人员责任保险投保率最低,仅为57.75%。分地区来看,广东的三大主险投保率均相对较高,其次为四川地区,吉林的三大主险投保率均相对最低。因此,从商业险主险投保情况来看,广东、四川对三大主险的认可度比较高,保险意识较强;吉林对三大主险的认可度比较低,保险意识相对较弱。

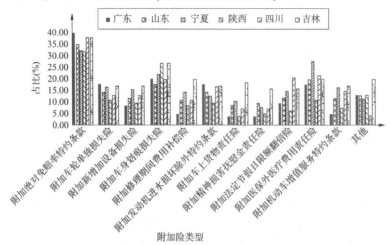

图 6-4　不同省/自治区居民机动车商业险附加险投保情况分析

由图 6-4 可知,附加绝对免赔率特约条款的投保率较其他附加险相对较高,居民在保费管控方面的意识比较高;其次为附加车身划痕损失险的投保率,居民在车身划痕管控方面的意识也较高;其他附加险的投保意愿根据居民需求选择,但总体来看,居民的汽车保险意识相对较强。

(4)不同省/自治区居民第三者责任险保额情况分析。

调查问卷针对广东、山东、宁夏、陕西、四川、吉林等六个省/自治区机动车的商业险主险中第三者责任险保额投保情况进行分析,样本数据共 2031 个,剔除无效样本数据 179 个,剩余有效样本数据 1921 个,有效样本数据投保率结果如图 6-5 所示。

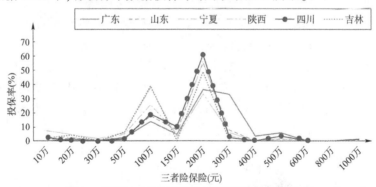

图 6-5　不同省/自治区居民第三者责任险保额情况分析

由图 6-5 可知,调查区域居民在投保第三者责任险时,三者险保额主要集中在 100 万元和 200 万元这两档,其中,广东居民对三者险保额 300 万元的投保率也比较高。因此,调查结果符合居民对三者险保额的档次选择规律。

6.1.3.2　山东居民保险意识调查问卷结果分析

(1)近五年间山东居民保险意识变化分析。

调查问卷针对山东近五年内居民对汽车保险产品种类的认知程度、对汽车保险意识的变化、对当下汽车保险产品种类的满意程度、主动购买汽车商业保险的积极程度以及对汽车保险服务质量的重视程度等五个方面进行分析。具体数据结果如图6-6~图6-10所示。

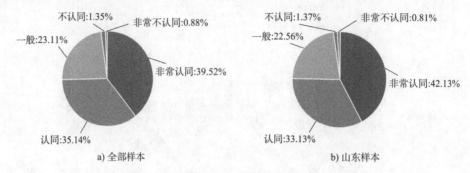

图6-6 与五年前相比，对汽车保险产品种类的认知程度

由图6-6可知，山东居民对汽车保险产品的认知程度调查回收有效问卷2110份，认同和非常认同的问卷为1588份，占比75.26%，高于全部样本问卷0.6%。其中，非常认同问卷为889份，占比42.13%，高于全部样本问卷2.61%；认同问卷为699份，占比33.13%，低于全部样本问卷2.01%。因此，居民对保险产品的认知程度优于全部样本的平均水平，且山东居民对保险产品的认知程度较五年前有非常显著的提高，居民的保险意识显著增强。

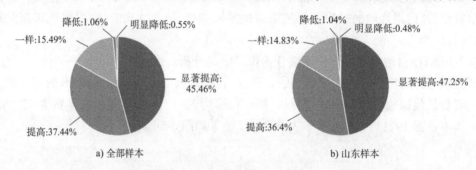

图6-7 与五年前相比，觉得对汽车保险的意识怎样的变化

由图6-7可知，山东居民汽车保险意识变化情况调查回收有效问卷2110份，提高和显著提高问卷为1765份，占比83.65%，高于全部样本问卷0.75%。其中，显著提高问卷为997份，占比47.25%，占比高于全部样本问卷1.79%；提高问卷为768份，占比36.4%，占比低于总体问卷1.04%。因此，山东居民的汽车保险意识较五年前显著提高。

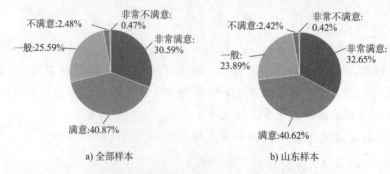

图6-8 与五年前相比，对当下汽车保险产品种类的满意程度

由图6-8可知,山东居民对当下汽车保险产品种类的满意程度调查回收有效问卷2110份,满意和非常满意问卷为1546份,占比73.27%,高于全部样本问卷1.81%。其中,非常满意问卷为689份,占比32.65%,占比高于全部样本问卷2.06%;满意问卷为857份,占比40.62%,占比低于总体问卷0.25%。因此,山东居民对当下汽车保险产品种类非常满意的程度优于全部样本的平均水平,山东居民对汽车保险产品种类满意程度较五年前有所提高。

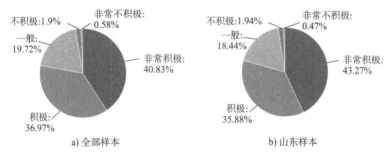

图6-9 与五年前相比,您主动购买汽车商业保险的积极程度

由图6-9可知,山东居民主动购买汽车调查回收有效问卷2110份,积极和非常积极问卷为1670份,占比79.15%,高于全部样本问卷1.35%。其中,非常积极问卷为913份,占比43.27%,占比高于全部样本问卷2.44%;积极问卷为757份,占比35.88%,占比低于总体问卷1.09%。因此,山东居民对主动购买汽车商业保险非常积极的程度优于全部样本的平均水平,山东居民主动购买汽车商业保险的积极程度较五年前显著提高,山东居民保险意识较五年前显著增强。

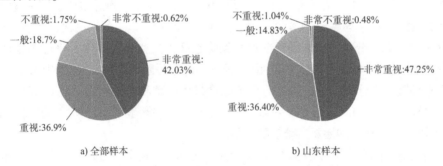

图6-10 与五年前相比,看重汽车保险服务质量的程度

由表6-10可知,山东居民对汽车保险服务质量重视程度调查回收有效问卷2110份,重视和非常重视问卷为1687份,占比79.96%,高于全部样本问卷1.04%。其中,非常重视问卷为937份,占比44.41%,占比高于全部样本问卷2.38%;重视问卷为750份,占比35.55%,占比低于总体问卷1.34%。因此,山东居民对汽车保险服务质量非常重视程度优于全部样本的平均水平,山东居民对汽车保险服务质量重视程度较五年前显著提高。

综上所述,通过山东居民汽车保险产品种类的认知程度、汽车保险意识的变化、对当下汽车保险产品种类的满意程度、主动购买汽车商业保险的积极程度以及对汽车保险服务质量的重视程度等五个方面,与五年前进行比较分析,山东居民的保险意识显著增强。

(2)不同车龄居民保险意识变化分析。

本调查问卷针对购车时间在2015年之前、2015—2016年、2017—2018年、2019—2020

年以及2021年以后等五个时间段的汽车保险认知、汽车风险意识、汽车保险态度、汽车保险行为等四项指标进行分析。具体指标分析如图6-11所示。

图6-11 不同车龄居民保险意识变化

由图6-11可知：

①汽车风险意识分析。山东居民的汽车风险意识强和非常强占比均超过75%，平均占比78.51%，最高占比甚至达到81.04%；与其他三个指标相比，每个时间段的占比均高于其他指标，且总体呈逐步增长的趋势。因此，山东居民的汽车风险意识逐渐增强。

②汽车保险认知分析。山东居民的汽车保险认知熟悉和非常熟悉占比总体呈逐渐下降的趋势，但均超过70%，平均占比74.45%。由此可见，山东70%以上的居民比较熟悉汽车保险。

③汽车保险态度分析。山东居民的汽车保险态度积极和非常积极占比总体呈逐渐增长的趋势，平均占比70.43%。总体来看，山东居民的汽车保险的态度是比较积极的。

④汽车保险行为分析。山东居民的汽车保险行为主动和非常主动占比在2015—2016年期间波动比较大，下降幅度达到10%左右，但2016年以后逐渐呈增长趋势，平均占比71.70%。因此，山东超过70%居民的愿意主动接触汽车保险。

综上所述，四个指标占比均超过65%，最高超过80%，其平均占比73.77%，山东居民的保险意识显著增强。

6.2 不同区域同一时间居民保险意识分析

通过对2020年我国的36个省/自治区/直辖市/单列市居民的汽车保险意识相关数据进行分析，得出我国不同区域同一时间居民保险意识的研究结论。

6.2.1 商业险保费规模情况分析

商业险保费规模主要受当地经济发展水平和人口密集程度的影响，可以从侧面反应居民的保险意识。收集我国36个地区在2020年的汽车保险商业险保费规模，并进行统计分析见表6-6。

第6章 汽车保险居民保险意识研究

2020 年汽车保险商业险保费规模 表 6-6

序号	省/自治区/直辖市/单列市	商业险保费规模（亿元）	序号	省/自治区/直辖市/单列市	商业险保费规模（亿元）
1	江苏	579.6	19	贵州	130.6
2	广东	568.5	20	山西	121.5
3	浙江	448.8	21	陕西	117.0
4	山东	356.3	22	广西	96.7
5	河北	317.4	23	宁波	95.1
6	四川	299.7	24	内蒙古	89.6
7	河南	288.4	25	吉林	87.6
8	安徽	278.5	26	天津	85.3
9	湖南	218.9	27	黑龙江	80.8
10	上海	216.8	28	新疆	78.2
11	湖北	213.9	29	青岛	67.8
12	北京	212.4	30	甘肃	66.7
13	云南	174.0	31	厦门	43.0
14	深圳	168.9	32	大连	40.7
15	江西	168.8	33	宁夏	35.9
16	辽宁	162.5	34	海南	33.0
17	福建	140.9	35	青海	17.4
18	重庆	136.3	36	西藏	8.7
	平均				173.5

注：数据来源于《中国汽车与保险大数据发展报告(2021)》。

2020 年，我国汽车保险商业险保费保单数量为 2.26 亿件，同比增长 7.8%；汽车保险商业险保费规模为 6246 亿元，同比下降 1.5%；平均保费规模为 173.5 亿元，主要受 2020 年车险综合改革的影响。由表 6-6 可知：

(1) 从不同区域来看，东部地区和南部地区的汽车保险商业险保费规模大于西部地区和北部地区，由此可见，人口密集程度越高的地区汽车保险商业险保费规模越大。汽车保险商业险保费规模超过 400 亿元的省/自治区/直辖市/单列市为江苏、广东、浙江，均为东部沿海地区，分别为 579.6 亿元、568.5 亿元、448.8 亿元；汽车保险商业险保费规模小于 50 亿元的西北部省/自治区/直辖市/单列市为西藏、青海、海南、宁夏、大连、厦门，分别为 8.7 亿元、17.4 亿元、33 亿元、35.9 亿元、40.7 亿元、43 亿元。

(2) 从同比来看，与 2019 年相比，2020 年汽车保险商业险整体保费规模变化不大。其中，汽车保险商业险保费规模大于 100 亿元的共计 21 个省/自治区/直辖市/单列市，汽车保险商业险保费规模大于 200 亿元的共计 12 个省/自治区/直辖市/单列市。

(3) 从增速来看，陕西和广西增速最快，分别同比增长 8.3% 和 3.9%；属于自主定价改革试点区域,受车险综合改革的影响比较小。

6.2.2 商业险单均保费情况分析

商业险单均保费可以体现居民在商业险选择时保险意识的自愿程度。收集我国的36个省/自治区/直辖市/单列市2020年的商业险单均保费数据,并进行统计分析见表6-7。

2020年汽车保险商业险单均保费数据　　　　表6-7

序号	省、自治区、直辖市、单列市	商业险单均保费数据(元)	序号	省、自治区、直辖市、单列市	商业险单均保费数据(元)
1	上海	4011.7	19	湖南	2726.8
2	深圳	4006.0	20	辽宁	2713.5
3	西藏	3879.4	21	天津	2705.3
4	宁波	3628.0	22	海南	2692.3
5	北京	3410.5	23	甘肃	2658.7
6	安徽	3271.0	24	云南	2599.3
7	江苏	3224.9	25	福建	2599.2
8	浙江	3202.0	26	山西	2559.9
9	厦门	3197.4	27	四川	2553.9
10	宁夏	3164.3	28	青岛	2539.7
11	江西	3007.2	29	青海	2492.7
12	重庆	2958.1	30	新疆	2416.7
13	黑龙江	2886.1	31	河南	2373.5
14	广东	2872.1	32	河北	2292.2
15	大连	2857.5	33	内蒙古	2187.3
16	贵州	2836.4	34	陕西	2119.8
17	吉林	2795.4	35	山东	2084.4
18	湖北	2747.6	36	广西	1582.5
平均					2759

注:①商业险单均保费 = $\dfrac{商业险总保费收入}{商业险保单数}$;

②数据来源于《中国汽车与保险大数据发展报告(2021)》。

由表6-7可知:

(1)2020年,我国的36个省/自治区/直辖市/单列市商业险单均保费为2759元,同比下降8.6%。单均保费前三的省/自治区/直辖市/单列市为上海、深圳、西藏,分别为4011.7元、4006元、3879.4元;单均保费后三的省/自治区/直辖市/单列市为广西、山东、陕西,分别为1582.5元、2084.4元、2119.8元;上海和广西之间单均保费相差2429.2元。由此可见,我国的36个省/自治区/直辖市/单列市商业险单均保费差异非常显著。

(2)从同比变化情况来看,受2020年车险综合改革的影响,我国的36个省/自治区/直辖市/单列市单均保费均有所下降。其中,内蒙古、吉林、甘肃降幅最大,分别同比下降14.2%、14.1%、13.4%。

6.2.3 商业险单均保额情况分析

商业险单均保额可以体现居民在商业险选择时保险意识的强弱程度,收集我国的36个省/自治区/直辖市/单列市 2020 年的商业险单均保额数据,并进行统计分析见表6-8。

2020 年汽车保险商业险单均保额数据　　　　　　　表6-8

序号	省、自治区、直辖市、单列市	商业险单均保额（万元）	序号	省、自治区、直辖市、单列市	商业险单均保额（万元）
1	厦门	171.6	19	青海	111.3
2	福建	155.5	20	贵州	110.2
3	江苏	153.7	21	天津	108.2
4	上海	147.1	22	湖南	108.1
5	深圳	147.1	23	河北	106.7
6	广东	139.1	24	云南	104.7
7	广西	138.8	25	宁夏	104.4
8	浙江	130.5	26	辽宁	103.5
9	四川	126.8	27	湖北	102.0
10	宁波	124.8	28	大连	101.6
11	重庆	123.9	29	甘肃	100.4
12	江西	122.5	30	内蒙古	96.9
13	陕西	121.8	31	河南	95.7
14	青岛	120.5	32	新疆	93.1
15	西藏	117.8	33	吉林	91.5
16	山东	115.4	34	海南	88.7
17	安徽	114.6	35	山西	81.9
18	北京	113.3	36	黑龙江	80.2
平均					120

注:①商业险单均保额 = $\dfrac{商业险总保额}{商业险保单数}$;

②数据来源于《中国汽车与保险大数据发展报告(2021)》。

由表6-8可知:

(1)2020年,全国商业险单均保额为120万元,同比提升18.3%。东部地区和南部地区单均保额相对较高,商业险保障程度也比较高;中部地区和西北部地区单均保额相对较低,商业险保障程度也比较低。其中,厦门单均保费最高,高达171.6万元;黑龙江单均保费最低,低至80.2万元,二者相差91.4万元。由此可见,我国的36个省/自治区/直辖市/单列市各个区域商业险单均保额差异非常显著。

(2)从同比变化情况来看,受2020年车险综合改革的影响,全国36个地区单均保额均大幅上涨,同比最低上涨6.1%,其中,江苏同比涨幅最大,同比上涨28.2%。

6.2.4 商业险案均已结赔款情况分析

商业险案均已结赔款不仅可以体现居民在每起事故中的平均赔款,反映事故的损失程度,还可以反映出居民保险意识的强弱程度。

收集我国的 36 个省/自治区/直辖市/单列市 2020 年的商业险案均已结赔款数据,进行统计分析,结果见表 6-9。

2020 年汽车保险商业险案均已结赔款数据　　　　表 6-9

序号	省/自治区/直辖市/单列市	商业险案均已结赔款（元）	序号	省/自治区/直辖市/单列市	商业险案均已结赔款（元）
1	北京	7491.4	19	安徽	5321.3
2	宁波	6790.5	20	深圳	5243.5
3	上海	6784.3	21	福建	5246.4
4	厦门	6637.3	22	贵州	5199.7
5	大连	6305.0	23	内蒙古	5128.5
6	西藏	5983.1	24	山西	5105.5
7	江苏	5852.5	25	河北	5067.6
8	天津	5846.5	26	云南	5067.0
9	湖南	5675.8	27	陕西	5054.4
10	浙江	5636.0	28	黑龙江	5050.1
11	重庆	5627.6	29	海南	5033.1
12	宁夏	5486.3	30	湖北	5029.3
13	江西	5454.0	31	辽宁	4966.7
14	甘肃	5430.9	32	山东	4707.6
15	青岛	5406.6	33	新疆	4645.1
16	青海	5371.6	34	吉林	4482.1
17	河南	5371.2	35	广东	4375.0
18	四川	5365.0	36	广西	3763.8
	平均				5279

注:①案均已结赔款 = $\dfrac{已结赔款}{已结件数}$;

②数据来源于《中国汽车与保险大数据发展报告(2021)》。

由表 6-9 可知:

(1)2020 年,全国商业险案均已结赔款为 5279 元,同比提升 1.9%。案均已结赔款较高的省/自治区/直辖市/单列市为北京、宁波、上海、厦门、大连,均超过 6000 元,分别为 7491.4 元、6790.5 元、6784.3 元、6637.3 元、6305.0 元;案均已结赔款相对较低的省/自治区/直辖市/单列市为广西、广东、吉林,均低于 4500 元,分别为 3763.8 元、4375 元、4482.1 元。其中,北京案均已结赔款最高,高达 7491.4 元;广西案均已结赔款最低,低至 3763.8 元,二者相差 3727.6 元。

由此可见,我国的 36 个省/自治区/直辖市/单列市商业险案均已结赔款差异比较显著。

(2)从同比变化情况来看,2020 年,我国的 36 个省/自治区/直辖市/单列市中,10 个省/自治区/直辖市/单列市案均已结赔款同比下降,其他省/自治区/直辖市/单列市均不同程度同比上涨。其中,山西同比涨幅最大,同比上涨 12.3%;浙江同比降幅最大,同比下降 10.6%。

6.2.5 商业险出险频度情况分析

商业险出险频度是指发生危险事故的频率,可以反映居民保险意识和风险意识水平。收集全国 36 个地区 2020 年的商业险出险频度数据,并进行统计分析(表 6-10)。

2020 年汽车保险商业险出险频度数据　　表 6-10

序号	省/自治区/直辖市/单列市	商业险出险频度(%)	序号	省/自治区/直辖市/单列市	商业险出险频度(%)
1	深圳	38.3	19	青海	22.2
2	西藏	30.3	20	宁夏	21.7
3	广东	28.8	21	黑龙江	21.6
4	宁波	26.5	22	安徽	21.6
5	浙江	25.6	23	福建	21.2
6	海南	25.2	24	山西	21.1
7	贵州	24.8	25	云南	21.0
8	陕西	24.7	26	广西	20.4
9	厦门	24.5	27	江西	20.1
10	上海	23.8	28	湖北	19.9
11	青岛	23.4	29	新疆	19.5
12	重庆	23.3	30	天津	19.1
13	四川	23.3	31	湖南	19.0
14	北京	23.2	32	山东	18.3
15	吉林	23.1	33	河南	18.2
16	江苏	22.7	34	辽宁	18.0
17	甘肃	22.5	35	内蒙古	17.1
18	大连	22.3	36	河北	16.2
				平均	22.1

注:①商业险出险频度 = $\dfrac{立案件数}{满期车年}$;

②数据来源于《中国汽车与保险大数据发展报告(2021)》。

由表 6-10 可知:

(1)2020 年,全国商业险平均出险频度为 22.1%,同比下降 0.5%。出险频度较高的省/自治区/直辖市/单列市为深圳、西藏,均超过 30%,分别为 38.3%、30.3%;出险频度相对较低的省/自治区/直辖市/单列市为河北、内蒙古、辽宁、河南、山东、湖南、天津、新疆、湖北,均低于 20%,分别为 16.2%、17.1%、18%、18.2%、18.3%、19%、19.1%、19.5%、19.9%。其中,深圳出险频度最高,达到 38.3%;河北出险频度最低,仅为 16.2%,二者相差

22.1%。由此可见,我国的 36 个省/自治区/直辖市/单列市商业险出险频度差异比较显著。

(2)从同比变化情况来看,2020 年,我国的 36 个省/自治区/直辖市/单列市中 9 个省/自治区/直辖市/单列市出险频度同比上涨,其余省/自治区/直辖市/单列市均不同程度地同比下降。其中,青岛增幅最大,同比上涨 2.9%;北京降幅最大,同比下降 6.9%。

6.2.6 商业险满期赔付率情况分析

商业险满期赔付率是指承保年度生效保单在统计期期间发生的赔付金额(已决赔款 + 未决赔款)与相应的满期保费比率(保单年度、不考虑 IBNR 和分保),其可以反映保单的品质。

收集全国 36 个地区在 2020 年的商业险满期赔付率数据,并进行统计分析(表 6-11)。

2020 年汽车保险商业险满期赔付率数据　　表 6-11

序号	省、自治区、直辖市、单列市	商业险满期赔付率(%)	序号	省、自治区、直辖市、单列市	商业险满期赔付率(%)
1	陕西	67.7	19	甘肃	46.0
2	广西	58.9	20	广东	45.3
3	厦门	56.6	21	河北	45.2
4	深圳	52.3	22	宁夏	45.2
5	北京	51.9	23	江苏	45.0
6	大连	51.8	24	天津	44.7
7	四川	51.7	25	重庆	44.0
8	青海	51.4	26	云南	43.2
9	山西	50.6	27	湖北	41.8
10	宁波	50.4	28	新疆	41.2
11	青岛	49.9	29	黑龙江	41.1
12	西藏	49.6	30	江西	41.1
13	河南	48.8	31	内蒙古	40.8
14	山东	47.8	32	湖南	40.7
15	福建	47.5	33	辽宁	40.4
16	贵州	47.5	34	安徽	38.2
17	浙江	47.4	35	吉林	37.3
18	海南	47.0	36	上海	33.5
		平均			45.9

注:①满期赔付率 = $\dfrac{已决赔款 + 未决赔款}{满期保费}$;

②数据来源于《中国汽车与保险大数据发展报告(2021)》。

由表 6-11 可知:

(1)2020 年,我国商业险的平均满期赔付率为 45.9%,同比下降 2.7%。从不同地区来看,赔付成本最高的三个省/自治区/直辖市/单列市为陕西、广西、厦门,商业险满期赔付率均超过 55%,赔付成本最低的三个省/自治区/直辖市/单列市为上海、吉林、安徽,商业险满期赔付率均低于40%。其中,赔付成本最高的省/自治区/直辖市/单列市为陕西,商业险满期赔付率为67.7%;赔付成本最低的省/自治区/直辖市/单列市为上海,商业险满期赔付率为33.5%。这说明上海的业务品质更好,从侧面反映上海居民的保险意识和风险意识更强。

(2)与2019年相比,陕西商业险满期赔付率涨幅最大,同比上涨3.7%;上海市商业险满期赔付率降幅最大,同比下降9.9%。这说明上海居民的保险意识和风险意识相比2019年的改善最大。

6.2.7 三者险投保情况分析

作为机动车交通事故责任强制保险(以下简称交强险)的补充险种,机动车商业第三者责任险(以下简称三者险)购买方式为自愿购买,其投保率可以反映人们汽车保险认可程度,反映出各地区居民保险意识和保险需求方面的差异。

收集全国36个地区2020年的三者险投保率,并进行统计分析(表6-12)。

2020年汽车保险三者险投保率情况　　　　　　　　表6-12

序号	省、自治区、直辖市、单列市	三者险投保率(%)	序号	省、自治区、直辖市、单列市	三者险投保率(%)
1	厦门	98.3	19	辽宁	85.6
2	宁波	97.0	20	贵州	85.3
3	浙江	96.5	21	天津	83.1
4	深圳	95.1	22	河北	83.0
5	上海	94.5	23	青岛	82.2
6	四川	94.4	24	湖北	81.9
7	江苏	94.2	25	山东	80.0
8	广东	93.8	26	陕西	76.2
9	福建	93.4	27	宁夏	75.3
10	重庆	92.9	28	河南	73.0
11	安徽	92.2	29	新疆	71.7
12	江西	91.2	30	内蒙古	71.1
13	北京	90.3	31	甘肃	69.2
14	湖南	88.1	32	吉林	67.3
15	大连	87.1	33	山西	64.5
16	云南	86.6	34	青海	60.3
17	海南	85.9	35	黑龙江	54.3
18	广西	85.7	36	西藏	41.3
	平均				84.9

注:①三者险投保率 = $\dfrac{\text{三者险保单件数}}{\text{交强险保单数}}$;

②数据来源于《中国汽车与保险大数据发展报告(2021)》。

由表 6-12 可知：

（1）2020 年，我国三者险的平均投保率为 84.9%，同比提升 1.5%。但从不同省/自治区/直辖市/单列市来看，厦门的三者险投保率最高（98.3%），西藏的三者险投保率最低（41.3%），二者之间相差 57%，由此可见，各个省/自治区/直辖市/单列市之间存在非常大的差异。

（2）经济发达地区的居民保险意识相对较强，对保险的需求较高，因此，三者险的投保率也相对较高。沿海地区的三者险投保率明显高于内陆地区，例如：厦门为 98.3%、宁波为 97.0%、浙江为 96.5%、深圳为 95.1%，均高于 95%，而西藏为 41.3%、黑龙江为 54.3%，均低于 60%；同时，计划单列市的三者险投保率均高于其所在省份的其他地区，说明沿海地区和计划单列市居民的保险意识更高。

（3）与 2019 年相比，11 个省/自治区/直辖市/单列市的三者险投保率有所下降，其中深圳、湖北、青岛下降最明显，分别为 4.6%、2.6%、2.4%；其余 25 个省/自治区/直辖市/单列市的三者险投保率均有不同程度的提升，其中天津提升最高，同比上涨 5.8%，因此，2020 年全国 36 个省/自治区/直辖市/单列市中，69.4% 的地区居民保险意识均有不同程度的提升。

6.2.8 三者险平均保额充足度情况分析

三者险赔偿事故中最突出的风险责任是人员死亡事故，而三者险的保额充足度能够体现对事故风险的覆盖度，可以从一定程度上反映居民保险意识的强弱。

以 60 岁以下有抚养责任的城镇成年居民的死亡事故为例，收集全国 36 个地区 2020 年的三者险保额充足度，并进行统计分析（表 6-13）。

2020 年汽车保险三者险保额充足度数据　　表 6-13

序号	省/自治区/直辖市/单列市	三者险保额充足度（%）	序号	省/自治区/直辖市/单列市	三者险保额充足度（%）
1	广西	161.3	14	河南	115.8
2	江西	136.4	15	云南	114.1
3	四川	133.3	16	吉林	111.8
4	福建	131.5	17	山东	110.4
5	贵州	130.6	18	厦门	108.3
6	陕西	127.6	19	广东	107.6
7	重庆	126.8	20	湖南	106.8
8	安徽	123.7	21	湖北	105.9
9	河北	122.2	22	辽宁	103.1
10	甘肃	122.2	23	黑龙江	101.9
11	江苏	119.8	24	新疆	100.7
12	青海	118.6	25	山西	96.9
13	宁夏	118.3	26	内蒙古	96.3

续上表

序号	省/自治区/直辖市/单列市	三者险保额充足度（%）	序号	省/自治区/直辖市/单列市	三者险保额充足度（%）
27	西藏	95.2	32	浙江	80.6
28	海南	94.3	33	上海	72.4
29	天津	85.2	34	深圳	72.3
30	青岛	85.1	35	宁波	71.6
31	大连	83.9	36	北京	51.6
平均					106.2

注：① 三者险平均保额充足度 = $\dfrac{\text{三者险保额平均值}}{\text{当地死亡事故责任赔偿费用} - \text{交强险死亡赔偿限额}}$。其中，当地死亡事故责任赔偿费用 =（死亡赔偿金 + 丧葬费 + 抚养人生活费）= 当地上一年度城镇居民人均可支配收入 × 20 年 + 当地上一年度城镇居民人均可支配收入 × 0.5 年 + 当地上一年度城镇居民人均消费支出 × 10 年；

② 数据来源于《中国汽车与保险大数据发展报告（2021）》。

由表 6-13 可知：

（1）由于车险综合改革的影响，2020 年，我国三者险平均保额为 106.2 万元，同比增长 21%；单人死亡平均赔付费用为 114.9 万元，同比增长 9.5%；三者险保额整体平均充足度为 109.6%，同比增长 16.2%。因此，交通事故责任保险保障程度整体已超过 100%，说明居民的整体风险意识不断增强。

（2）我国的 36 个省/自治区/直辖市/单列市三者险保额充足度不平衡情况比较显著，各省/自治区/直辖市/单列市之间差异比较大。三者险保额充足度小于 100% 的地区共 12 个，其中，最低的 4 个省/自治区/直辖市/单列市为北京、宁波、深圳、上海，充足度分别为 51.6%、71.6%、72.3%、72.4%，广西的充足度最高，达到 161.3%；计划单列市的风险覆盖程度均低于其所在省份的其他地区。

6.2.9　三者险足额投保情况分析

三者险足额投保可以实现对交通死亡事故责任风险的充分覆盖，充分体现居民应对交通死亡事故保险意识的强弱。

收集我国的 36 个省/自治区/直辖市/单列市 2020 年的三者险足额投保保单占比，并进行统计分析（表 6-14）。

2020 年汽车保险三者险足额投保保单占比数据　　表 6-14

序号	省/自治区/直辖市/单列市	三者险足额投保保单占比（%）	序号	省/自治区/直辖市/单列市	三者险足额投保保单占比（%）
1	重庆	92.1	5	陕西	86.8
2	广西	90.4	6	山东	85.2
3	四川	90.2	7	安徽	81.1
4	江西	86.9	8	湖南	78.0

续上表

序号	省/自治区/直辖市/单列市	三者险足额投保保单占比(%)	序号	省/自治区/直辖市/单列市	三者险足额投保保单占比(%)
9	辽宁	77.7	23	吉林	54.4
10	贵州	76.7	24	新疆	53.7
11	河北	75.1	25	海南	49.2
12	湖北	73.5	26	山西	42.8
13	宁夏	73.1	27	黑龙江	41.9
14	厦门	72.5	28	浙江	36.9
15	甘肃	69.0	29	广东	32.5
16	青海	67.7	30	青岛	26.0
17	内蒙古	67.3	31	上海	16.0
18	云南	65.4	32	深圳	11.7
19	河南	64.5	33	天津	11.5
20	福建	61.2	34	北京	7.9
21	西藏	58.5	35	大连	7.0
22	江苏	57.7	36	宁波	4.6
平均					60.4

注：①三者险足额投保保单占比 = $\dfrac{足额投保保单数量}{全部保单数量}$；

②数据来源于《中国汽车与保险大数据发展报告(2021)》。

由表6-14可知：

(1)2020年，我国的36个省/自治区/直辖市/单列市三者险足额投保保单占比为60.4%，即超过60%的三者险保单已经实现交通死亡事故责任风险的充分覆盖，同比增长16.8%。但从全国各个地区来看，三者险足额投保保单占比仍然处于比较低的水平。

(2)我国的36个省/自治区/直辖市/单列市的三者险足额投保保单占比均有不同程度的提升，其中，重庆占比最高(92.1%)，同比增长5.3%；宁波、深圳略有下降，说明全国居民保险意识不断提升。

(3)从我国的36个省/自治区/直辖市/单列市三者险足额投保保单占比数据来看，仅有7个省/自治区/直辖市/单列市超过80%，宁波、大连、北京的占比不足10%，说明我国的36个省/自治区/直辖市/单列市之间差异较大。

(4)我国的36个省/自治区/直辖市/单列市保额分布仍非常不均衡，存在部分车主三者险高额投保拉高当地平均保额的情况，但大部分车主并未充足投保。例如：2020年，广东的三者险保费充足度为107.6%，但三者险足额投保保单占比仅为32.5%。

6.3 同一区域不同时间居民保险意识分析

6.3.1 三者险各种责任限额的投保率情况分析

车主风险意识的高低决定其购买汽车保险的主动性,车主的投保习惯表示当前车主购买汽车保险的现状,同时,车主投保习惯随时间的改变表示其风险意识的变化。为全面分析车主的投保习惯,以某保险公司为对象,调研分析了某财险公司2020—2022年上半年(两年半期限)共1440余万辆车的投保情况(表6-15)。

某财险公司2020—2022年上半年三者险各种责任限额的投保率　　　表6-15

年份	承保车辆数(辆)	投保三者险车辆数(辆)	投保三者险车辆比例(%)	限额10万元投保率(%)	限额15万元投保率(%)	限额20万元投保率(%)	限额30万元投保率(%)	限额50万元投保率(%)	限额100万元投保率(%)	限额150万元投保率(%)	限额200万元投保率(%)	限额300万元及以上投保率(%)
2020年	5325605	2576959	48.39	0.50	0.05	0.35	1.22	10.72	64.34	15.19	7.37	0.26
2021年	6205800	3011884	48.53	0.24	0.01	0.12	0.32	2.65	27.57	7.50	58.71	2.87
2022年上半年	2871304	1381521	48.11	0.17	0.01	0.05	0.11	0.81	8.89	1.83	77.68	10.45

由表6-15可知:

(1)从三者险投保率来看,购买了汽车保险的车主对三者险投保比例基本稳定,保持在48.35%左右,说明约一半的车主按照法律规定购买交强险后,对商业三者险的保障作用也具有一定认识。

(2)从2020—2022年上半年投保三者险比例变化看,2021年同比增长,但2022年上半年同比2021年略有下降,受疫情和汽车销量下降的影响,2022年3—4月中国汽车销量均同比下降,其中,4月份同比下降最大(45.59%)。

(3)从不同责任限额看,限额10万元、15万元、20万元、30万元投保率比较小,2020年50万元投保率有所提升,300万元以上档次的责任限额几乎无人考虑,投保率主要集中在100万元、150万元、200万元等档次,其中,2020年选择100万元档次的比例最高,为64.34%,但截至2022年上半年,选择200万元档次的比例最高,为77.68%。

(4)从年份变化看,居民投保意识逐渐加强,低责任限额投保率逐年下降,如限额10万元、15万元、20万元、30万元、50万元、100万元、150万元档次,高档次责任限额的投保率明显增加,如200万元、300万元及以上档次。

综上所述,居民越来越倾向于选择投保责任限额较高的档次来规避风险,可以预计今后较高档次限额会越来越受车主青睐,与三者责任风险变化趋势非常符合。

6.3.2 不同种类汽车三者险各种责任限额的投保率情况分析

调研分析某财险公司2020—2022年上半年(两年半期限)的1440余万辆不同种类汽车的投保情况见表6-16。

某财险公司2020—2022年上半年不同种类汽车三者险各种责任限额的投保率　　表6-16

年份	汽车种类	投保三者险车辆比例（%）	限额10万元投保率（%）	限额15万元投保率（%）	限额20万元投保率（%）	限额30万元投保率（%）	限额50万元投保率（%）	限额100万元投保率（%）	限额150万元投保率（%）	限额200万元投保率（%）	限额300万元及以上投保率（%）
2020年	营业货车	48.59	0.14	0.00	0.13	0.45	3.37	90.88	4.32	0.69	0.01
2021年		45.60	0.22	0.00	0.12	0.27	2.03	93.25	3.75	0.35	0.00
2022年上半年		47.41	0.06	0.01	0.06	0.08	0.69	95.42	3.62	0.07	0.00
2020年	营业客车	39.93	0.00	0.00	6.09	2.49	2.49	63.18	17.75	7.30	0.70
2021年		39.24	0.00	0.00	4.08	0.10	13.00	39.30	19.68	19.31	4.53
2022年上半年		37.78	0.00	0.00	3.33	0.00	9.83	35.95	18.31	29.50	3.07
2020年	营业特种车	56.29	35.26	0.06	0.65	0.87	10.53	26.01	17.31	8.90	0.40
2021年		53.05	36.54	0.00	1.06	0.08	8.91	31.08	13.00	8.69	0.64
2022年上半年		47.74	30.22	0.00	0.94	0.05	9.38	32.72	14.98	8.69	3.02
2020年	营业拖拉机及农用车	50.00	0.00	0.00	0.00	0.00	0.00	100.00	0.00	0.00	0.00
2021年		33.33	0.00	0.00	0.00	0.00	0.00	66.67	33.33	0.00	0.00
2022年上半年		0.00	—	—	—	—	—	—	—	—	—
2020年	非营业货车	45.53	0.28	0.02	0.44	1.90	17.70	71.90	5.84	1.91	0.02
2021年		41.36	0.14	0.01	0.24	0.83	9.73	67.64	14.52	6.88	0.01
2022年上半年		44.17	0.11	0.00	0.12	0.44	5.56	64.27	18.00	11.46	0.02
2020年	非营业客车	48.51	0.21	0.05	0.34	1.20	10.50	63.92	15.79	7.72	0.28
2021年		49.02	0.05	0.01	0.11	0.30	2.26	24.47	7.20	62.54	3.06
2022年上半年		48.51	0.02	0.01	0.03	0.09	0.42	2.73	0.63	84.58	11.48
2022年	非营业摩托车	7.71	0.00	0.00	0.43	3.84	85.29	10.45	0.00	0.00	0.00
2021年		6.66%	0.00	0.00	0.00	3.70	43.88	49.88	0.00	0.00	2.54
2022年上半年		6.26	0.00	0.00	0.00	0.00	27.27	65.03	0.00	1.05	6.64
2020年	非营业特种车	47.67	1.93	0.07	0.56	1.35	16.99	67.59	7.57	3.81	0.12
2021年		46.08	1.51	0.01	0.56	0.92	11.09	61.67	10.55	12.99	0.71
2022年上半年		45.70	1.53	0.02	0.39	0.55	8.22	55.68	11.95	20.84	0.83

续上表

年份	汽车种类	投保三者险车辆比例（%）	限额10万元投保率（%）	限额15万元投保率（%）	限额20万元投保率（%）	限额30万元投保率（%）	限额50万元投保率（%）	限额100万元投保率（%）	限额150万元投保率（%）	限额200万元投保率（%）	限额300万元及以上投保率（%）
2020年	非营业拖拉机及农用车	43.92	0.00	0.72	0.72	0.00	47.26	51.07	0.24	0.00	0.00
2021年		48.08	0.00	0.00	0.55	0.00	18.68	79.12	0.00	1.65	0.00
2022年上半年		46.76	0.00	0.00	0.00	0.00	24.82	75.18	0.00	0.00	0.00

大部分种类汽车三者险的投保率保持在40%~50%，说明车主整体的投保意识较高。根据车辆用途，特种车、营业客车、营业货车出险概率比较高，其三者险的投保率也比较高，说明上述三类车型车主对三者险的保障作用比较了解，保险意识也相对比较强。

比较近年不同种类汽车的投保情况如下。

6.3.2.1 营业货车

10万元、15万元、20万元、30万元和200万元档次限额的投保率比较稳定，基本维持在百分之零点几；50万元和150万元档次限额的投保率也比较稳定，基本维持在4.5%以下；300万元档次限额以上的投保率基本为0%；而营业货车的投保保额主要集中在100万元档次，平均占比高达93.18%，并且呈逐年上涨的趋势。

6.3.2.2 营业客车

10万元和15万元档次的投保率为0%；20万元、30万元、50万元和300万元及以上档次限额的投保率比较稳定，基本维持在百分之几；而营业客车主要集中在100万元、150万元和200万元档次限额，其中，100万元档次限额整体下降，150万元、200万元档次限额整体上涨，尤其200万元档次限额投保率涨幅较大。

6.3.2.3 营业特种车

15万元、20万元、30万元和300万元及以上档次限额的投保率比较稳定，基本维持在百分之几；50万元、150万元和200万元档次限额的投保率比较稳定，基本维持在10%左右；而营业特种车主要集中在10万元和100万元档次限额，且投保率逐年上涨。

6.3.2.4 非营业货车

10万元、15万元、20万元和30万元档次限额的投保率比较稳定，基本维持在百分之几；300万元及以上档次限额的投保率基本为0%；50万元档次限额投保率逐年下降；150万元和200万元档次限额的投保率逐年上涨；但主要投保档次限额为100万元，投保率呈略有下降，但保持在60%以上。

6.3.2.5 非营业客车

2020年投保档次限额主要集中在50万元、100万元和150万元档次，分别为10.5%、63.92%和15.79%；2021年投保档次限额主要集中在100万元和200万元档次，分别为24.47%和62.54%；但2022年上半年投保档次限额主要集中在200万元、300万元档次及以上,分别为84.58%和11.48%。

6.3.2.6 非营业摩托车

投保档次限额主要集中在50万元和100万元档次,但50万元档次限额的投保率逐年下降,100万元档次限额的投保率逐年增长,2022年上半年100万元档次限额的投保率已超过60%。

6.3.2.7 非营业特种车

投保档次限额主要集中在50万元、100万元、150万元和200万元档次,但50万元和100万元档次限额的投保率逐年下降,150万元和200万元档次限额的投保率逐年增长,2022年上半年100万元档次限额的投保率已超过10%,200万元档次限额的投保率已超过20%。

6.3.2.8 非营业拖拉机及农用车

投保档次限额主要集中在50万元和100万元档次,但50万元档次限额的投保率逐年下降,100万元档次限额的投保率逐年增长,2022年上半年100万元档次限额的投保率已超过75%。

综上所述,通过分析2020—2022年上半年各种类汽车责任限额的投保率情况发现:

(1)对于营业汽车,100万元档次限额是大多数车主的选择,其次为150万元和200万元档次;

(2)对于非营业汽车,50万元、100万元、150万元和200万元档次限额是大多数车主的选择,其中,150万元和200万元档次限额的投保率正在逐年增长。

第7章
汽车保险事故损失统计分布研究

7.1 损失分布模型相关理论

7.1.1 常用损失分布

保险的损失数据一般都非负,并且大多不对称。这就带来了如何选择分布函数的问题。经常使用的损失分布模型有伽马分布、对数伽马分布、对数正态分布、佩尔托分布和威布尔分布。

设每一次事故的损失可以用货币数额来衡量,将此数额可记为 x,保险事故发生的不确定性使 x 是随机变量,称 x 的概率分布为损失分布。

7.1.1.1 伽马分布

伽马分布是在财产险中经常使用的一种应用函数,一般在研究赔款数额时使用。伽马分布是统计学的一种连续概率函数。伽马分布中,参数 α 称为形状参数,参数 β 称为尺度参数。

当非负随机变量 x 服从伽马分布时,则有 x 的概率密度函数为:

$$f(x) = \frac{\lambda^{\alpha} \cdot x^{\alpha-1}}{\Gamma(\alpha)} \cdot e^{-\lambda x}, x \geq 0; \alpha > 0 \tag{7-1}$$

其中: $\Gamma(\alpha) = \int_0^{+\infty} x^{\alpha-1} \cdot e^{-\lambda x} dx = (\alpha-1)!$,则称 x 服从参数为 (α, β) 的伽马分布,记作 $x \sim \Gamma(\alpha, \lambda; x)$, $\lambda = \frac{1}{\beta}$。

期望和方差公式为:

$$E(x) = \frac{2}{\lambda}, \lambda > 0 \tag{7-2}$$

$$D(x) = \frac{2}{\lambda} - 2, \lambda > 0 \tag{7-3}$$

7.1.1.2 对数伽马分布

设随机变量 x 取对数后可以服从伽马分布,则称此变量服从对数伽马分布。
x 的概率密度函数为:

$$f(x) = \frac{\lambda^{\alpha} \cdot (\ln x)^{\alpha-1}}{\Gamma(\alpha)} \cdot e^{-\lambda \ln x}, x \geq 0; \alpha > 0; \lambda > 0 \tag{7-4}$$

x 的分布函数为:

$$F(x) = \Gamma(\alpha;\ln x) \tag{7-5}$$

数学期望和方差公式为：

$$E(x) = \left(\frac{\lambda}{\lambda-1}\right)^{\alpha}, \lambda > 2 \tag{7-6}$$

$$D(x) = \left(\frac{\lambda}{\lambda-2}\right)^{\alpha} - \left(\frac{\lambda}{\lambda-1}\right)^{2\alpha}, \lambda > 2 \tag{7-7}$$

7.1.1.3 对数正态分布

设 x 是取值为正数的随机变量，如果 $\ln x \sim N(\mu, \sigma^2)$，就称 x 服从对数正态分布，并可以记作 $x \sim \text{LN}(\mu, \sigma^2)$。

x 的概率密度函数为：

$$f(x) = \frac{1}{\sqrt{2\pi}\sigma x} e^{-\frac{(\ln x - \mu)^2}{2\sigma^2}}, x > 0 \tag{7-8}$$

x 的分布函数为：

$$F(x) = \Phi\left(\frac{\ln x - \mu}{\sigma}\right), x > 0 \tag{7-9}$$

用 $\ln(x;\mu,\sigma^2)$ 表示密度函数，$\text{LN}(x;\mu,\sigma^2)$ 表示相应的分布函数。则数学期望和方差公式为：

$$E(x) = e^{\mu+\frac{\sigma^2}{2}} \tag{7-10}$$

$$D(x) = e^{2\mu+\sigma^2}(e^{\sigma^2}-1) \tag{7-11}$$

7.1.1.4 佩尔托分布

设随机变量 x，若 x 的概率密度函数表示为：

$$f(x) = \frac{\alpha\lambda^{\alpha}}{(\lambda+x)^{\alpha+1}}, x > 0 \tag{7-12}$$

则称 x 服从佩尔托分布，可记作 $P(\alpha,\lambda)$。其分布函数为：

$$F(x) = 1 - \frac{\lambda^{\alpha}}{(\lambda+x)^{\alpha}}, x > 0 \tag{7-13}$$

数学期望和方差公式为：

$$E(x) = \frac{\lambda}{\alpha-1}, \alpha > 1 \tag{7-14}$$

$$D(x) = \frac{\alpha\lambda^2}{(\alpha-1)^2(\alpha-2)}, \alpha > 2 \tag{7-15}$$

7.1.1.5 威布尔分布

设非负随机变量 x，若 x 有概率密度函数：

$$f(x) = \lambda\alpha(\lambda x)^{\alpha-1} e^{-\lambda x^{\alpha}}, x \geq 0, \alpha > 0, \lambda > 0 \tag{7-16}$$

且 x 的分布函数为：

$$F(x) = 1 - e^{-\lambda x^{\alpha}}, x \geq 0 \tag{7-17}$$

则称 x 服从参数为 (α,λ) 的威布尔分布，记作 $W(\alpha,\lambda;x)$。当 $\alpha = 1$ 时，$W(1,\lambda;x)$ 就是

参数为 λ 的指数分布。计算得到数学期望和方差公式:

$$E(x) = \frac{1}{\lambda} \Gamma\left(\frac{1}{\alpha} + 1\right) \tag{7-18}$$

$$D(x) = \frac{1}{\lambda^2}\left[\Gamma\left(\frac{2}{\alpha} + 1\right) - \Gamma^2\left(\frac{1}{\alpha} + 1\right)\right] \tag{7-19}$$

7.1.2 建立线性回归模型

建立上述五种常用分布函数的线性回归模型,然后估计各模型的分布参数值,从中确定最优的拟合分布函数。

7.1.2.1 伽马分布的演变

伽马分布的概率密度函数为:

$$f(x) = \frac{\lambda^{\alpha} \cdot x^{\alpha-1}}{\Gamma(\alpha)} \cdot e^{-\lambda x}, x \geq 0; \alpha > 0 \tag{7-20}$$

即:

$$\frac{\Gamma(\alpha) \cdot f(x)}{\lambda^{\alpha} \cdot x^{\alpha-1}} = e^{-\lambda x} \tag{7-21}$$

两边同时取对数,可得:

$$\ln\left[\frac{\Gamma(\alpha) \cdot f(x)}{\lambda^{\alpha} \cdot x^{\alpha-1}}\right] = -\lambda x \tag{7-22}$$

令 $Y = \ln\left[\frac{\Gamma(\alpha) \cdot f(x)}{\lambda^{\alpha} \cdot x^{\alpha-1}}\right], X = x, b = -\lambda, a = 0$ 得伽马分布的线性回归模型为:

$$Y = a + bX$$

7.1.2.2 对数伽马分布的演变

对数伽马分布的概率密度函数为:

$$f(x) = \frac{\lambda^{\alpha} \cdot (\ln x)^{\alpha-1}}{\Gamma(\alpha)} \cdot e^{-\lambda \ln x} \tag{7-23}$$

即:

$$\frac{f(x) \cdot \Gamma(\alpha)}{\lambda^{\alpha} \cdot (\ln x)^{\alpha-1}} = e^{-\lambda \ln x} \tag{7-24}$$

两边取对数可得:

$$\ln\left[\frac{f(x) \cdot \Gamma(\alpha)}{\lambda^{\alpha} \cdot (\ln x)^{\alpha-1}}\right] = -\lambda \ln x \tag{7-25}$$

令 $Y = \ln\left[\frac{f(x) \cdot \Gamma(\alpha)}{\lambda^{\alpha} \cdot (\ln x)^{\alpha-1}}\right], X = \ln x, b = -\lambda, a = 0$,则对数伽马的线性回归模型为:

$$Y = a + bX$$

7.1.2.3 对数正态分布的演变

对数正态分布的概率密度函数为:

$$f(x) = \frac{1}{\sqrt{2\pi}\sigma x} e^{-\frac{(\ln x - \mu)^2}{2\sigma^2}} \tag{7-26}$$

即：

$$\frac{1}{\sqrt{2\pi}x\sigma f(x)} = e^{\frac{(\ln x - \mu)^2}{2\sigma^2}} \tag{7-27}$$

两边同时取两次对数,则有：

$$\ln\ln\left[\frac{1}{\sqrt{2\pi}x\sigma f(x)}\right] = 2\ln(\ln x - \mu) - \ln(2\sigma^2) \tag{7-28}$$

令 $Y = \ln\ln\left[\dfrac{1}{\sqrt{2\pi}x\sigma f(x)}\right]$, $X = \ln(\ln x - \mu)$, $a = -\ln(2\sigma^2)$, $b = 2$, 则得对数正态分布的线性回归模型为：

$$Y = a + bX$$

7.1.2.4 佩尔托分布的演变

两参数佩尔托分布的分布函数为：

$$F(x) = 1 - \frac{\lambda^\alpha}{(\lambda + x)^\alpha}, x > 0 \tag{7-29}$$

即：

$$\frac{\lambda^\alpha}{1 - F(x)} = (\lambda + x)^2 \tag{7-30}$$

两边同时取对数可得：

$$\ln\left[\frac{\lambda^\alpha}{1 - F(x)}\right] = 2\ln(x + \lambda) \tag{7-31}$$

令 $Y = \ln\left[\dfrac{\lambda^\alpha}{1 - F(x)}\right]$, $X = \ln(x + \lambda)$, $b = 2$, $a = 0$, 则可以得到佩尔托分布的线性回归模型为：

$$Y = a + bX$$

7.1.2.5 威布尔分布的演变

两参数威布尔分布的分布函数为：

$$F(x) = 1 - e^{-(\lambda x)^{\alpha-1}}, t > 0 \tag{7-32}$$

即：

$$\frac{1}{1 - F(x)} = e^{(\lambda x)^{\alpha-1}} \tag{7-33}$$

两边同时取两次自然对数,可以得到：

$$\ln\ln\left[\frac{1}{1 - F(x)}\right] = (\alpha - 1)\ln x - (\alpha - 1)\ln\left(\frac{1}{\lambda}\right) \tag{7-34}$$

令 $Y = \ln\ln\left[\dfrac{1}{1 - F(x)}\right]$, $X = \ln x$, $b = \alpha - 1$, $a = -(\alpha - 1)\ln\left(\dfrac{1}{\lambda}\right)$, 则得到威布尔分布的线性回归模型为：

$$Y = a + bX$$

7.1.3 参数估计及拟合检验方法

7.1.3.1 最小二乘估计

为了解实际数据点的变化规律,要求每个离散点建模得到的计算值与实测值之差都较小,即使误差的平方和最小,这称为最小二乘法。

对于给定的一组数据(x_i, y_i),$(i=0,1,\cdots,m)$。若用最小二乘法来拟合曲线,表达式为:

$$s(x) = a_0\varphi_0(x) + a_1\varphi_1 + \cdots + a_n\varphi_n(x) \tag{7-35}$$

其中:n为拟合多项式的次数;a_i为拟合系数,$\varphi_k(x)$为k次多项式,$(k=0,1,\cdots,n)$,其中,$n<m$。根据最小二乘法,将数据(x_i, y_i)代入式(7-35),使剩余平方和最小,即:

$$I = \sum_{i=0}^{m}[s_{(x_i)} - y_i]^2 = I_{\min} \tag{7-36}$$

为了使式(7-36)成立,根据多元函数求极值的条件,可有:

$$\frac{\partial I}{\partial a_k} = 2\sum_{i=0}^{m}\left[\sum_{j=0}^{n}a_j\varphi_j(x_i) - y_i\right]\varphi(x_i) = 0 \tag{7-37}$$

若使此方程组存在唯一解,得到拟合曲线最小二乘解为:

$$y = s^*(x) = a_0^*\varphi_0(x) + a_1^*\varphi_1(x) + \cdots + a_n^*\varphi_n(x) \tag{7-38}$$

7.1.3.2 矩估计

矩估计的实质就是以样本矩作为总体矩的估计,用样本的经验分布代替实际总体分布。方法为:设总体X中含有k个待估参数$\theta_1, \theta_2, \cdots, \theta_k$,且$X$的前$k$阶原点矩$\mu_l = E(x^l)$$(l=1, 2,\cdots,k)$是存在的,可通过以下步骤求出待估计参数$\theta_i(i=1,2,\cdots,k)$的矩估计量。

(1)求总体X的前k阶原点矩:$\mu_l = E(x^l)$是参数$\theta_i(i=1,2,\cdots,k)$的函数,记为$\mu_l = g_i(\theta_1, \theta_2,\cdots,\theta_k)(l=1,2,\cdots,k)$;

(2)从$\mu_l = g_i(\theta_1, \theta_2,\cdots,\theta_k)(i=1,2,\cdots,k)$中解出$\theta_i(i=1,2,\cdots,k)$,即$\theta_i = \theta_i(\mu_1, \mu_2,\cdots, \mu_l)(i=1,2,\cdots,k)$;

(3)用μ_l的矩估计量$M_l = \frac{1}{n}\sum_{i=1}^{n}X_i^l$代替$\mu_l$,即得$\theta_i$的矩估计量:

$$\widehat{\theta_i} = \theta_i(M_1, M_2,\cdots, M_k), i=1,2,\cdots,k \tag{7-39}$$

此方法的优点是简便易行,面对许多问题都能给出简单的运算过程,当样本容量较大时,矩估计量会有较高的精度。缺点是有时在具体应用中会形成超越方程组,难以给出参数的显示解。因此,为了避免矩估计的缺点,用变换的矩估计方法和分位数估计法即可。

7.1.3.3 极大似然估计

极大似然法也是参数估计里重要的方法,损失分布模型分析也常常使用极大似然估计法,其有很多优点。

极大似然估计法就是用使似然函数达最大值的参数值$\widehat{\theta}$作为真实参数θ的估计值,公式为:

$$L(x_1,\cdots,x_n;\widehat{\theta}) = \max L(x_1,\cdots,x_n;\theta) \tag{7-40}$$

所以,可以通过求似然函数的极值来寻找极大似然估计量,求极大似然估计量的步骤如下:

(1)求似然函数 $L(\theta) = \prod_{i=1}^{n} f(x_i;\theta)$($f$ 为密度函数);

(2)当似然函数可微且能在参数空间内取得 $L(\theta)$ 的最大值时,求出方程组 $\frac{\partial \ln L(\theta)}{\partial \theta} = 0$ 的解 $\hat{\theta},\hat{\theta}$ 即为 θ 的最大似然估计量。

极大似然估计克服了矩估计法的缺点,利用总体的样本所提供的信息建立未知参数的估计量;无需求总体原点矩;但其要解似然函数,有时只能用数值方法求似然方程的近似解。

7.1.3.4 拟合检验—相关系数检验法

对于任何一组数据,虽然有时数据很凌乱,但总可以得到一条回归直线。所以,需要检查所得出的回归直线是否有实际意义,相关系数可以起检验的作用。对于给定的 n 组数据 $(X_i, Y_i), i = 1, 2, \cdots, n$,其相关系数 R 用下列公式计算:

$$R = \frac{\sum_{i=1}^{n}(X_i - \overline{X})(Y_i - \overline{Y})}{\sqrt{\sum_{i=1}^{n}(X_i - \overline{X})^2 \sum_{i=1}^{n}(Y_i - \overline{Y})^2}} \tag{7-41}$$

$|R|$ 的大小表示变量 X 与 Y 的线性相关程度,$|R| \leq 1$。并且,$|R|$ 越接近 1,X 与 Y 的线性相关程度就越好;$|R|$ 越接近于 0,可以说 X 与 Y 没有明显的线性关系。

7.2 汽车保险事故损失分布模型的构建

本部分对汽车保险事故车辆损失、人伤损失和财产损失三组样本数据进行统计建模,处理过程按以下步骤进行:

(1)求出样本数据的极差;
(2)根据经验对数据进行分组;
(3)确定组矩;
(4)确定各组组上限;
(5)求出样本数据落在各分组的频数,以及在每个分组区间的累计频数;
(6)给出样本数据的密度函数估计值;
(7)给出样本分布函数的估计值;
(8)根据所得的密度函数的估计值和组距,给出频率密度的估计值;
(9)根据所得的频数和组距,给出频数密度的估计值。

7.2.1 汽车保险事故车辆损失建模研究

7.2.1.1 描述性统计

汽车保险事故车辆损失样本原始状态如图 7-1 所示,其中样本个数为 250000 个。所有样本的统计信息见表 7-1。

第7章 汽车保险事故损失统计分布研究

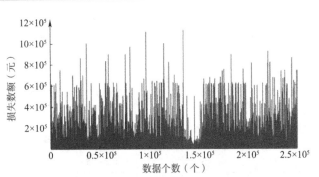

图 7-1 汽车保险事故车辆损失样本原始状态

汽车保险事故车辆损失样本统计信息   表 7-1

项目	数值	项目	数值
均值	7400.79	最大值	1122100
方差	1038721499.73	最小值	50
标准差	32229.20	求和	1854821761.52
中位数	1350	观测数	250625
众数	2000	峰度	207.51
极差	1122050	偏度	12.17

汽车保险事故车辆损失数据共分为 22 组,其中,前 9 组采用的是不等距分组,后 13 组采用的是等距分组。详细分组情况及统计数据见表 7-2。

汽车保险事故车辆损失样本分组情况及统计数据   表 7-2

序号	组上限	组距	组频数	累计频数	频率	分布	频率密度	频数密度
1	150	150	3059	3059	0.0122	0.0122	0.000081	20.3933
2	300	150	13506	16565	0.0539	0.0661	0.0004	90.0400
3	500	200	23365	39930	0.0932	0.1593	0.0005	116.8250
4	800	300	37523	77453	0.1497	0.3090	0.0005	125.0767
5	1200	400	41078	118531	0.1639	0.4729	0.0004	102.6950
6	2000	800	51527	170058	0.2056	0.6785	0.0003	64.4088
7	5000	3000	36111	206169	0.1441	0.8226	0.000048	12.0370
8	20000	15000	29235	235404	0.1167	0.9393	0.0000078	1.9490
9	62300	42300	9347	244751	0.0373	0.9766	0.00000088	0.2210
10	124600	62300	3430	248181	0.0137	0.9903	0.00000022	0.0551
11	186900	62300	965	249146	0.0039	0.9941	0.000000062	0.0155
12	249200	62300	519	249665	0.0021	0.9962	0.000000033	0.0083
13	311500	62300	320	249985	0.0013	0.9975	0.000000021	0.0051
14	373800	62300	175	250160	0.0007	0.9981	0.000000011	0.0028
15	436100	62300	163	250323	0.0007	0.9988	0.00000001	0.0026
16	498400	62300	70	250393	0.0003	0.9991	0.0000000045	0.0011

续上表

序号	组上限	组距	组频数	累计频数	频率	分布	频率密度	频数密度
17	560700	62300	54	250447	0.0002	0.9993	0.0000000035	0.0009
18	623000	62300	108	250555	0.0004	0.9997	0.0000000069	0.0017
19	685300	62300	27	250582	0.0001	0.9998	0.0000000017	0.0004
20	747600	62300	17	250599	7.0E−05	0.9999	0.0000000011	0.0003
21	872200	124600	16	250615	6.0E−05	1	0.0000000005	0.0001
22	—	124600	10	250625	4.0E−05	1	0.0000000003	0.00008

7.2.1.2 数据拟合处理

汽车保险事故车辆损失数据的概率密度和分布函数分别如图 7-2 和图 7-3 所示。五种分布模型的参数估计值和相关系数见表 7-3。

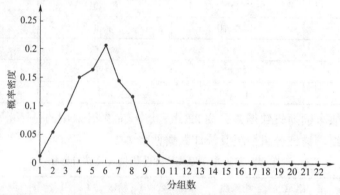

图 7-2 汽车保险事故车辆损失的概率密度

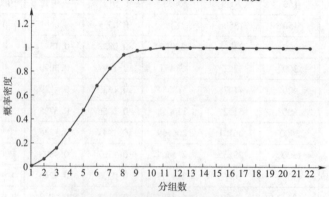

图 7-3 汽车保险事故车辆损失的概率分布

车辆损失模型的参数估计值及相关系数　　表 7-3

分布形式	参数估计值	相关系数
威布尔分布	$\mu = 3.0962$ $\sigma = 6.3162$	0.9920
伽马分布	$\alpha = 1.2161$ $\beta = 7.2780$	0.9767

续上表

分布形式	参数估计值	相关系数
对数伽马分布	$\alpha = 1.4151$ $\beta = 1.0000$	0.4180
对数正态分布	$\alpha = -1.8244$ $\lambda = 2.7018$	0.4429
佩尔托分布	$\lambda = 1$ $\alpha = 0.1122$	0.1280

对相关系数最高的威布尔分布和伽马分布,再通过分析概率密度、概率分布的相对误差来确定最优分布。威布尔分布的概率密度和概率分布见表 7-4、表 7-5,伽马分布的概率密度和概率分布见表 7-6、表 7-7。威布尔分布的拟合结果如图 7-4 所示,伽马分布的拟合结果如图 7-5 所示。

威布尔分布概率密度　　　　　　　　　　表 7-4

分组序号	概率密度拟合值	真 实 值	相对误差(%)
1	0.0103	0.0122	15.97
2	0.0428	0.0539	20.64
3	0.0932	0.0932	0.06
4	0.1475	0.1497	1.45
5	0.1849	0.1639	12.83
6	0.1876	0.2056	8.76
7	0.1538	0.1441	6.73
8	0.1006	0.1166	13.72
9	0.0516	0.0373	38.39
10	0.0203	0.0137	48.23
11	0.0060	0.0039	54.94
12	0.0013	0.0021	38.27
13	0.0002	0.0013	84.78
14	0.0002	0.0007	97.08
15	0.00014	0.0007	99.78
16	6.6×10^{-8}	0.0003	99.98
17	1.9×10^{-9}	0.0002	100
18	3.4×10^{-11}	0.0004	100
19	3.5×10^{-13}	0.0001	100
20	2.2×10^{-15}	0.000068	100
21	7.4×10^{-18}	0.000064	100
22	1.4×10^{-20}	0.0004	100

威布尔分布概率分布 表7-5

分组序号	概率分布拟合值	真 实 值	相对误差(%)
1	0.0074	0.0122	39.54
2	0.0505	0.0661	23.56
3	0.1494	0.1593	6.22
4	0.3043	0.3090	1.52
5	0.4928	0.4729	4.21
6	0.6778	0.6785	0.10
7	0.8255	0.8226	0.35
8	0.9211	0.9393	1.93
9	0.9709	0.9766	0.59
10	0.9914	0.9903	0.11
11	0.9980	0.9941	0.39
12	0.9996	0.9962	0.35
13	1	0.9975	0.25
14	1	0.9982	0.19
15	1	0.9988	0.12
16	1	0.9991	0.09
17	1	0.9993	0.07
18	1	0.9997	0.03
19	1	0.9998	0.02
20	1	0.9999	0.01
21	1	1	0.004
22	1	1	0

伽马分布概率密度 表7-6

分组序号	概率密度拟合值	真 实 值	相对误差(%)
1	0.0010	0.0122	91.72
2	0.0232	0.0539	56.89
3	0.0878	0.0932	5.84
4	0.1583	0.1497	5.76
5	0.1905	0.1639	16.21
6	0.1773	0.2056	13.75
7	0.1383	0.1441	3.99
8	0.0948	0.11664	18.72
9	0.0589	0.0373	57.82

续上表

分组序号	概率密度拟合值	真 实 值	相对误差(%)
10	0.0338	0.0137	146.98
11	0.0182	0.0039	373.35
12	0.0093	0.0021	350.36
13	0.0046	0.0013	257.79
14	0.0022	0.0007	208.88
15	0.0010	0.0007	51.54
16	0.0004	0.0003	56.99
17	0.0002	0.0002	11.63
18	0.000081	0.0004	81.21
19	0.000034	0.0001	68.52
20	0.000014	0.000068	79.41
21	0.000006	0.000064	90.63
22	0.000002	0.00004	95.00

伽马分布概率分布 表7-7

分组序号	概率分布拟合值	真 实 值	相对误差(%)
1	0.0010	0.0122	91.73
2	0.0242	0.0661	63.33
3	0.1120	0.1593	29.69
4	0.2703	0.3090	12.52
5	0.4608	0.4729	2.56
6	0.6382	0.6785	5.95
7	0.7765	0.8226	5.61
8	0.8713	0.9393	7.24
9	0.9302	0.9766	4.75
10	0.9640	0.9903	2.65
11	0.9822	0.9941	1.20
12	0.9915	0.9962	0.47
13	0.9961	0.9975	0.14
14	0.9982	0.9982	0.0096
15	0.9992	0.9988	0.04
16	0.9997	0.9991	0.06
17	0.9999	0.9993	0.06
18	1	0.9997	0.02

续上表

分组序号	概率分布拟合值	真实值	相对误差(%)
19	1	0.9998	0.01
20	1	1	0.0086
21	1	1	0.0027
22	1	1	0.0011

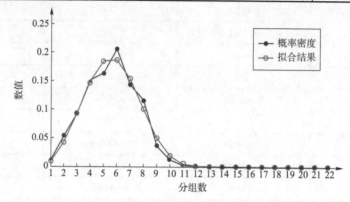

图 7-4 威布尔分布拟合结果

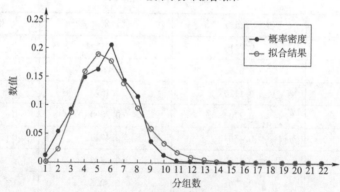

图 7-5 伽马分布拟合结果

7.2.1.3 拟合结果分析

根据表 7-3 中的相关系数 R 值、表 7-4 ~ 表 7-7 中相对误差值以及图 7-4、图 7-5 的拟合结果可知,威布尔分布函数即为最优模型。得到最优的概率分布和概率密度模型如下:

概率分布函数:

$$F(x) = 1 - e^{-(3.8072x)^{0.1742-1}}, t>0 \tag{7-42}$$

概率密度函数:

$$f(x) = \frac{3.0962}{6.3162}\left(\frac{x}{6.3162}\right)^{2.0962} e^{-\left(\frac{x}{6.3162}\right)^{2.0962}} \tag{7-43}$$

表 7-8 和表 7-9 是部分汽车保险事故车辆损失金额对应的分布值和概率密度值,可估计某概率分布值对应的损失金额和某损失金额对应的概率,这可为汽车保险的费率厘定及理赔管理提供参考依据。由表 7-8 可知,损失金额小于 816 元的事故数量占 50%,损失金额小

于4190元的事故数量占90%,所以,保险公司针对数量众多的小额赔案,应重点考虑如何做好理赔服务工作、如何控制理赔服务成本等事宜。

部分汽车保险事故车辆损失分布值对应金额　　　　表7-8

概率分布值(%)	损失金额(元)	概率分布值(%)	损失金额(元)
50	816	90	4190
70	1304	95	17600
80	1840	99	57647

部分汽车保险事故车辆损失赔偿金额概率　　　　表7-9

损失赔偿金额(元)	概　率	损失赔偿金额(元)	概　率
100	0.0295	2400	0.1473
400	0.1211	6000	0.0970
600	0.1630	12000	0.0761
900	0.1893	21000	0.0506
1400	0.1822	80000	0.0148

7.2.2　汽车保险事故人伤损失建模研究

7.2.2.1　描述性统计

由于本部分使用的理论基础与上节相同,故不再赘述。汽车保险事故人伤损失数据原始状态如图7-6所示,其中样本个数为18000个。汽车保险事故人伤损失数据的统计信息见表7-10。

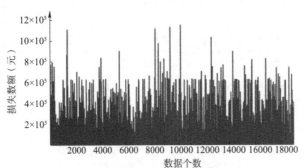

图7-6　汽车保险事故人伤损失样本原始状态

汽车保险事故人伤损失样本统计信息　　　　表7-10

项　目	数　值	项　目	数　值
均值	41043.35	最大值	1142000
方差	7847792531.32	最小值	50
标准差	88587.77	求和	777525260.71
中位数	9000	观测数	18944
众数	1000	峰度	28.43
极差	1141950	偏度	4.41

7.2.2.2 数据拟合处理

该组数据共分为17组,其中,前5组采用的是不等距分组,后12组采用的是等距分组。详细分组情况及统计数据见表7-11。

汽车保险事故人伤损失样本分组情况及统计数据 表7-11

序号	组上限	组距	组频数	累计频数	频率	分布	频率密度	频数密度
1	1000	1000	1634	1634	0.0863	0.0863	8.6×10^{-5}	1.6340
2	3000	2000	3415	5049	0.1803	0.2665	9.0×10^{-5}	1.7075
3	10000	7000	5169	10218	0.2729	0.5394	3.9×10^{-5}	0.7384
4	30000	20000	3685	13903	0.1945	0.7339	9.7×10^{-6}	0.1843
5	76100	46100	2116	16019	0.1117	0.8456	2.4×10^{-6}	0.0459
6	152200	76100	1703	17722	0.0899	0.9355	1.2×10^{-6}	0.0224
7	228300	76100	463	18185	0.0244	0.9600	3.2×10^{-7}	0.0061
8	304400	76100	255	18440	0.0135	0.9734	1.8×10^{-7}	0.0034
9	380500	76100	174	18614	0.0092	0.9826	1.2×10^{-7}	0.0023
10	456600	76100	119	18733	0.0063	0.9889	8.3×10^{-8}	0.0016
11	532700	76100	68	18801	0.0036	0.9925	4.7×10^{-8}	0.0009
12	608800	76100	43	18844	0.0023	0.9947	3.0×10^{-8}	0.0006
13	684900	76100	72	18916	0.0038	0.9985	5.0×10^{-8}	0.0010
14	761000	76100	11	18927	0.0006	0.9991	7.6×10^{-9}	0.0001
15	837100	76100	8	18935	0.0004	0.9995	5.5×10^{-9}	0.0001
16	1065400	228300	5	18940	0.0003	0.9998	1.2×10^{-9}	2.0E−05
17	—	228300	4	18944	0.0002	1	9.0×10^{-10}	2.0E−05

图7-7和图7-8给出的是汽车保险事故人伤损失数据的概率密度和分布函数。表7-12中给出的是五种分布形式的参数估计值和相关系数。

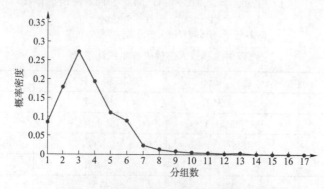

图7-7 汽车保险事故人伤损失数据的概率密度

第7章 汽车保险事故损失统计分布研究

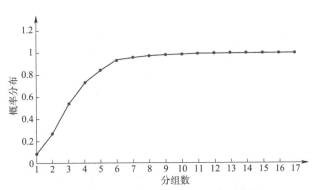

图7-8 汽车保险事故人伤损失数据的概率分布

人伤损失模型的参数估计值及相关系数　　表7-12

分布形式	参数估计值	相关系数
威布尔分布	$\mu = 2.3228$ $\sigma = 3.8968$	0.9878
伽马分布	$\alpha = 1.1704$ $\beta = 4.3131$	0.9886
对数伽马分布	$\alpha = 1.4061$ $\beta = 1$	0.7815
对数正态分布	$\alpha = -0.7633$ $\lambda = 1.6669$	0.7136
佩尔托分布	$\lambda = 1$ $\alpha = 0.2002$	0.4411

对相关系数最高的威布尔分布和伽马分布,再通过分析概率密度、概率分布的相对误差确定最优分布。威布尔分布的概率密度和概率分布见表7-13、表7-14,伽马分布的概率密度和概率分布见表7-15、表7-16。威布尔分布的拟合结果如图7-9所示,伽马分布的拟合结果如图7-10所示。

威布尔分布概率密度　　表7-13

分组序号	概率密度拟合值	真实值	相对误差(%)
1	0.0945	0.0863	9.57
2	0.1995	0.1803	10.65
3	0.2446	0.2729	10.35
4	0.2132	0.1945	9.62
5	0.1392	0.1117	24.61
6	0.0691	0.0899	23.09
7	0.0262	0.0244	7.31
8	0.0076	0.0135	43.67
9	0.0017	0.0092	81.88
10	0.0003	0.0063	95.62

续上表

分组序号	概率密度拟合值	真 实 值	相对误差(%)
11	3.4×10^{-5}	0.0036	99.05
12	3.2×10^{-6}	0.0023	99.86
13	2.2×10^{-7}	0.0038	99.99
14	1.10×10^{-8}	0.0006	100
15	4.04×10^{-10}	0.0004	100
16	1.09×10^{-11}	0.0003	100
17	2.11×10^{-13}	0.0002	100

威布尔分布概率分布 表 7-14

分组序号	概率分布拟合值	真 实 值	相对误差(%)
1	0.0945	0.0863	9.57
2	0.2940	0.2665	10.30
3	0.5386	0.5394	0.15
4	0.7518	0.7339	2.44
5	0.8910	0.8456	5.37
6	0.9601	0.9355	2.64
7	0.9864	0.9599	2.75
8	0.9940	0.9734	2.11
9	0.9956	0.9826	1.33
10	0.9959	0.9889	0.71
11	0.9959	0.9925	0.35
12	0.9959	0.9947	0.12
13	0.9959	0.9985	0.26
14	0.9959	0.9991	0.32
15	0.9959	0.9995	0.36
16	0.9959	0.9998	0.39
17	0.9959	1	0.41

伽马分布概率密度 表 7-15

分组序号	概率密度拟合值	真 实 值	相对误差(%)
1	0.0679	0.0863	21.32
2	0.2092	0.1803	16.07
3	0.2487	0.2729	8.84

第7章 汽车保险事故损失统计分布研究

续上表

分组序号	概率密度拟合值	真实值	相对误差(%)
4	0.2002	0.1945	2.90
5	0.1301	0.1117	16.45
6	0.0738	0.0899	17.88
7	0.0382	0.0244	56.18
8	0.0184	0.0135	36.94
9	0.0084	0.0092	7.97
10	0.0037	0.0063	40.83
11	0.0016	0.0036	55.96
12	0.0007	0.0023	71.17
13	0.0003	0.0038	93.03
14	0.0001	0.0006	81.90
15	4.1×10^{-5}	0.0004	90.25
16	1.6×10^{-5}	0.0003	93.95
17	6.0×10^{-6}	0.0002	97.16

伽马分布概率分布 表7-16

分组序号	概率分布拟合值	真实值	相对误差(%)
1	0.0679	0.0863	21.33
2	0.2771	0.2665	3.97
3	0.5258	0.5394	2.51
4	0.7260	0.7339	1.07
5	0.8561	0.8456	1.24
6	0.9299	0.9355	0.60
7	0.9681	0.9599	0.85
8	0.9865	0.9734	1.35
9	0.9950	0.9826	1.26
10	0.9987	0.9889	0.99
11	1	0.9925	0.79
12	1	0.9947	0.62
13	1	0.9985	0.27
14	1	0.9991	0.22
15	1	0.9995	0.18
16	1	0.9998	0.16
17	1	1	0

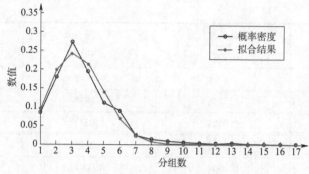

图 7-9 威布尔分布拟合结果

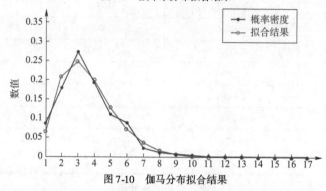

图 7-10 伽马分布拟合结果

7.2.2.3 拟合结果分析

根据表 7-12 中的相关系数 R 值、表 7-13～表 7-16 中相对误差值以及图 7-9、图 7-10 的拟合结果可知,威布尔分布函数即为最优模型。最优模型的概率分布和概率密度如下:

分布函数:

$$F(x) = 1 - e^{-(0.2839x)^{2.8962-1}}, x > 0 \qquad (7-44)$$

概率密度函数:

$$f(x) = \frac{2.3228}{3.8968}\left(\frac{x}{3.8968}\right)^{2.3228-1} e^{-\left(\frac{x}{3.8968}\right)^{2.3228}}, x > 0 \qquad (7-45)$$

表 7-17 和表 7-18 是部分汽车保险事故人伤损失金额对应的分布值和概率密度值,可估计某概率分布值对应的人伤损失金额和某人伤损失金额对应的概率,这可为汽车保险的费率厘定及人伤理赔管理提供参考依据。由表 7-17 可知,人伤损失金额小于 9300 元的事故数量占 50%,损失金额小于 111867 元的事故数量占 90%,所以,人伤损失金额远高于车辆损失金额,保险公司应重点考虑如何做好人伤事故的预防,可通过提高费率因子,让车辆驾驶人提高警惕、小心驾车。

部分汽车保险事故人伤分布值对应金额　　　　　　表 7-17

概率分布值(%)	损失金额(元)	概率分布值(%)	损失金额(元)
50	9300	90	111867
70	27800	95	174269
80	54433	99	296029

第7章 汽车保险事故损失统计分布研究

部分汽车保险事故人伤损失赔偿金额概率   表 7-18

损失赔偿金额(元)	概率	损失赔偿金额(元)	概率
600	0.1618	80000	0.0662
2500	0.2409	200000	0.0124
8000	0.2287	300000	0.0018
23000	0.1668	400000	0.0002
50000	0.1062	500000	9.1×10^{-6}

7.2.3 汽车保险事故财产损失建模研究

7.2.3.1 描述性统计

汽车保险事故财产损失数据原始状态如图 7-11 所示,其中样本点的个数为 18000 个。汽车保险事故财产损失数据的统计信息见表 7-19。

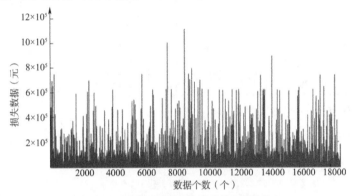

图 7-11 汽车保险事故财产损失样本原始状态

汽车保险事故财产损失样本统计信息   表 7-19

项目	数值	项目	数值
均值	21546.83	最大值	1107440
方差	3510588016.54	最小值	50
标准差	59250.22	求和	401891382.06
中位数	3914.50	观测数	18652
众数	2000	峰度	60.50
极差	1107390	偏度	6.51

该组数据共分为 18 组,其中,前 8 组采用的是不等距分组,后 10 组采用的是等距分组。详细分组情况及统计数据见表 7-20。

汽车保险事故财产损失分组情况及统计数据   表 7-20

序号	组上限	组距	组频数	累计频数	频率	分布	频率密度	频数密度
1	500	500	1079	1079	0.0578	0.0578	0.0001	2.1580
2	1000	500	2175	3254	0.1166	0.1745	0.0002	4.3500
3	2000	1000	3383	6637	0.1814	0.3558	0.0001	3.3830

续上表

序号	组上限	组距	组频数	累计频数	频率	分布	频率密度	频数密度
4	4000	2000	2852	9489	0.1529	0.5087	7.7×10^{-5}	1.4260
5	8000	4000	2576	12065	0.1381	0.6468	3.5×10^{-5}	0.6440
6	14000	6000	1969	14034	0.1056	0.7524	1.8×10^{-5}	0.3282
7	30000	16000	1852	15886	0.0993	0.8517	6.2×10^{-6}	0.1158
8	78570	48570	1448	17334	0.0776	0.9293	1.6×10^{-6}	0.0298
9	157140	78570	826	18160	0.0443	0.9736	5.6×10^{-7}	0.0105
10	235710	78570	202	18362	0.0108	0.9845	1.4×10^{-7}	0.0026
11	314280	78570	105	18467	0.0056	0.9901	7.2×10^{-8}	0.0013
12	392850	78570	73	18540	0.0039	0.9940	5.0×10^{-8}	0.0009
13	471420	78570	42	18582	0.0023	0.9962	2.9×10^{-8}	0.0005
14	549990	78570	21	18603	0.0011	0.9974	1.4×10^{-8}	0.0003
15	628560	78570	30	18633	0.0016	0.999	2×10^{-8}	0.0004
16	707130	78570	9	18642	0.0005	0.9995	6×10^{-9}	0.0001
17	785700	78570	6	18648	0.0003	0.9998	4×10^{-9}	8.0E-05
18	—	78570	4	18652	0.0002	1	3E-09	5×10^{-9}

7.2.3.2 数据拟合处理

图7-12和图7-13给出的是汽车保险事故财产损失数据的概率密度和分布函数。表7-21中给出的是五种分布形式的参数估计值和相关系数。

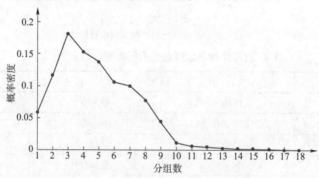

图7-12 汽车保险事故财产损失的概率密度

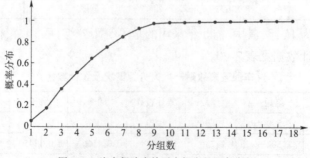

图7-13 汽车保险事故财产损失的概率分布

财产损失模型的参数估计值及相关系数　　表7-21

分布形式	参数估计值	相关系数
威布尔分布	$\alpha = 2.0080$ $\lambda = 5.3543$	0.9860
伽马分布	$\alpha = 0.6544$ $\beta = 5.3543$	0.9869
对数伽马分布	$\alpha = 1.2786$ $\beta = 1$	0.7121
对数正态分布	$\mu = -1.2409$ $\sigma = 2.1459$	0.6666
佩尔托分布	$\lambda = 1$ $\alpha = 0.158083$	0.3479

对相关系数最高的伽马分布和威布尔分布,通过分析概率密度、概率分布的相对误差确定最优分布。伽马分布的概率密度和概率分布见表7-22、表7-23,威布尔分布的概率密度和概率分布见表7-24、表7-25。伽马分布的拟合结果如图7-14所示,威布尔分布的拟合结果如图7-15所示。

伽马分布概率密度　　表7-22

分组序号	概率密度拟合值	真实值	相对误差(%)
1	0.0498	0.0579	14
2	0.1250	0.1166	7
3	0.1632	0.1814	10
4	0.1631	0.1529	7
5	0.1407	0.1381	2
6	0.1107	0.1056	5
7	0.0817	0.0993	18
8	0.0575	0.0776	26
9	0.0390	0.0443	12
10	0.0258	0.0108	138
11	0.0166	0.0056	195
12	0.0105	0.0039	169
13	0.0066	0.0023	192
14	0.0040	0.0011	258
15	0.0025	0.0016	53
16	0.0015	0.0005	208
17	0.0009	0.0003	175
18	0.0005	0.0002	148

伽马分布概率分布 表7-23

分组序号	概率分布拟合值	真 实 值	相对误差(%)
1	0.0498	0.0579	13.84
2	0.1748	0.1166	0.17
3	0.3380	0.1814	5.00
4	0.5011	0.1529	1.49
5	0.6418	0.1381	0.77
6	0.7524	0.1056	0
7	0.8341	0.0993	2.07
8	0.8915	0.0776	4.07
9	0.9305	0.0443	4.43
10	0.9563	0.0108	2.86
11	0.973	0.0056	1.73
12	0.9835	0.0039	1.06
13	0.9901	0.0023	0.61
14	0.9941	0.0011	0.33
15	0.9965	0.0016	0.25
16	0.9980	0.0005	0.15
17	0.9989	0.0003	0.09
18	0.9994	0.0002	0.06

威布尔分布概率密度 表7-24

分组序号	概率密度拟合值	真 实 值	相对误差(%)
1	0.0668	0.0579	15
2	0.1210	0.1166	4
3	0.1530	0.1814	16
4	0.1602	0.1530	5
5	0.1464	0.1381	6
6	0.1197	0.1056	13
7	0.0886	0.0993	11
8	0.0599	0.0776	23
9	0.0371	0.0443	16
10	0.0211	0.0108	95
11	0.0111	0.0056	97
12	0.0054	0.0040	38
13	0.0024	0.0023	8

续上表

分组序号	概率密度拟合值	真 实 值	相对误差(%)
14	0.0010	0.0011	11
15	0.0004	0.0016	76
16	0.0001	0.0005	71
17	4.6E-05	0.0003	86
18	1.4E-05	0.0002	93

威布尔分布概率分布 表7-25

分组序号	概率分布拟合值	真 实 值	相对误差(%)
1	0.0668	0.0578	15.57
2	0.1878	0.1745	7.62
3	0.3408	0.3558	4.22
4	0.5010	0.5087	1.51
5	0.6474	0.6468	0.09
6	0.7671	0.7524	1.95
7	0.8557	0.8517	0.47
8	0.9156	0.9293	1.47
9	0.9527	0.9736	2.15
10	0.9738	0.9845	1.09
11	0.9849	0.9901	0.53
12	0.9903	0.9940	0.37
13	0.9927	0.9962	0.35
14	0.9937	0.9974	0.37
15	0.9941	0.999	0.49
16	0.9942	0.9995	0.53
17	0.9943	0.9998	0.55
18	0.9943	1	0.57

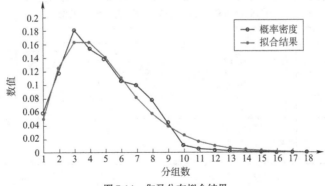

图7-14 伽马分布拟合结果

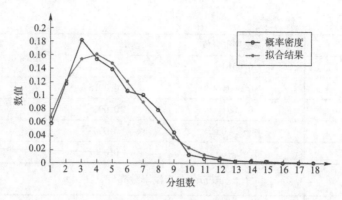

图 7-15 威布尔分布拟合结果

7.2.3.3 拟合结果分析

根据表 7-21 中的相关系数 R 值、表 7-22～表 7-25 中相对误差值以及图 7-14、图 7-15 的拟合结果可知,威布尔分布函数为最优模型。最优模型的概率分布和概率密度如下。

概率分布：

$$F(x) = 1 - e^{-(0.1742x)^{3.8072-1}}, t > 0 \qquad (7-46)$$

概率密度：

$$f(x) = \frac{2.0080}{5.3543}\left(\frac{x}{5.3543}\right)^{2.0080-1} e^{-\left(\frac{x}{5.3543}\right)^{2.0080}}, x > 0 \qquad (7-47)$$

表 7-26 和表 7-27 中是部分汽车保险事故财产损失金额对应的分布值和概率密度值,可估计某概率分布值对应的财产损失金额和某财产损失金额对应的概率,为汽车保险的费率厘定及物损理赔管理提供参考依据。由表 7-26 可知,损失金额小于 2960 元的事故数量占 50%,损失金额小于 62541.9 元的事故数量占 90%,所以,保险公司针对汽车保险事故中的财产损失,应重点考虑如何降低物损赔付金额,如积极联系第三方企业开展物损修复工作。

部分汽车保险事故财产损失分布值对应金额　　　　表 7-26

概率分布值(%)	损失金额(元)	概率分布值(%)	损失金额(元)
50	2960	90	62541.9
70	10220	95	146140.2
80	18800	99	331565.4

部分汽车保险事故财产损失赔偿金额概率　　　　表 7-27

损失赔偿金额(元)	概　率	损失赔偿金额(元)	概　率
100	0.0790	13000	0.0938
800	0.1432	28000	0.0632
1500	0.1596	32000	0.0588
3000	0.1555	80000	0.0367
7000	0.1271	200000	0.0150

第8章
总结

  汽车事故的高频发生和车险服务的不断延伸,促使汽车保险成为财产保险的第一大险种。汽车保险市场也随之发生巨大变化,经营汽车保险的保险公司由2000年的13家增长至2020年的68家,中介销售渠道在行业前三的财险公司保费贡献度占比均超过70%,目前我国保险代理机构、经纪机构、公估机构的数量占比为4.73∶1.33∶1。财产保险公司中,车险从业人员从2000年的17.47万人经过波动后增长至2020年的123.78万人,近20年人员结构显示:45岁以下人员占比超过80%,学士及以下学历人员占比超过96%,职称评聘工作呈现逐渐弱化的趋势,2020年无职称人员占比达到了97.76%,更加突显能力竞争的重要性。值得注意的是,车险从业人员保费贡献度的变化并不稳定,几经增减波动,近几年呈现显著下降的趋势。在这样的行业大背景下,以我国汽车保险行业数据为研究对象,借助统计学、概率论等技术对我国汽车保险业的相关指标及其统计规律进行深入研究。主要研究结论如下。

  (1)采用多维指标预测我国汽车保险业的发展态势,揭示我国汽车保险的时空分布规律。

  以2011—2020年我国汽车保险的发展水平评价指标、经营指标、事故损失程度指标、人伤赔偿指标4个维度,共16个指标数据为研究对象,以满足预测精度为模型选择依据,构建相应的GM(1,1)预测模型或灰色马尔科夫预测模型,预测2021—2025年我国汽车保险业的发展趋势。预测结果显示:灰色马尔科夫模型较GM(1,1)模型预测精度更高;车险密度、车险深度、车险保费收入、车险赔款、车均赔款、事故直接财产损失、城镇居民人均可支配收入、城镇居民人均消费支出、农村居民人均可支配收入、农村居民人均消费支出和城镇单位就业职工平均工资呈逐年递增趋势,车均保费呈逐年递减趋势,车险需求收入弹性、车险赔付率、事故受伤人数和交通事故死亡人数的变化趋势不稳定,并非单调递增或递减。

  31个省/自治区/直辖市保险发展区域差异明显,区域不均衡的动静态分析结果显示:汽车保费收入最高的广东是收入最低的西藏的70.10倍;汽车保险深度最高的宁夏是最低的福建的2.28倍,但保险深度的差异是逐渐缩小的;汽车保险密度最高的北京是最低的广西的3.70倍;以汽车保险保费收入增长率与保险密度增长率为研究对象,2020年有8个地区出现负增长,其他均为正增长;以市场集中度为衡量指标,各地区普遍存在于高寡占行业和中寡占行业的范围;聚类分析的结果显示,汽车保险业发达的地区、中等地区和欠发达地区的占比为1∶4∶11.5,汽车保费收入、汽车保险密度对于聚类结果的影响较大,而保险深度较小,北京、上海两个地区为发达地区,93.5%的地区位于汽车保险发展中等程度的地区甚至相对欠发达地区,其中,江苏、浙江、山东、河北、河南、广东、安徽、四川属于中等地区,其他21个地区属于相对欠发达地区,这说明我国的汽车保险业发展空间很大;个体评价指数分析显示:全国范围内汽车保费增长均低于10%,湖南、云南、河北、吉林、福建、内蒙古、北京、湖北等为负增长,按地域划分,华东地区的汽车保险保费规模最大(36.98%),西北地区规模最小(5.57%)。

以某省15地市2019—2021年1—12月的汽车保险业保费收入为研究对象,构建我国汽车保险保费收入月度指标的季节调整模型,揭示汽车保险保费的月度变化规律。预测结果显示:此模型能较好地描述汽车保险保费收入月度指标序列中剔除隐含的季节性因素后的变化趋势,2022年各月份呈现均衡发展、波动较小的情况;季节调整后,2022年总量预计达到528.41亿元,同比降低1.78%;从月度数据来看,有5个月份同比增长,7个月份同比下降。

(2)量化描述经济因素、交通因素、风险因素、社会政策因素等外部因素和投保人的认知和行为等内部因素对汽车保险需求量的影响程度。

以城镇居民可支配收入、居民消费价格指数、私人汽车保有量、交通事故数量、人均道路面积为解释变量,建立汽车保险需求的多元线性回归模型。显著性分析结果显示:私人汽车保有量与汽车险保费收入呈正相关,交通事故数量与汽车险保费收入呈负相关,且前者的弹性系数较后者更高。

基于吉林、山东、广东、四川、陕西和宁夏等6个省份共2743份问卷调查,采用李克特五级量表,发现不同区域、同一时间和同一区域、不同时间的居民投保意识的规律。不同区域、同一时间拥有机动车的居民保险意识问卷统计结果显示:汽车保险认知程度排名前三的省份由大到小为四川、广东、山东,汽车保险意识排名前三的省份由大到小为四川、山东、广东,汽车保险行为排名前三的省份由大到小为山东、广东、宁夏,汽车保险态度排名前三的省份由大到小为山东、宁夏、陕西,四个指标高达成(非常熟悉和熟悉选项样本)占比均超过60%,表明地区居民的保险意识整体较强;除吉林的机动车车上人员责任保险外,三大主险投保率按险种划分均大于65%,最高为95.29%;分地区来看,广东三大主险投保率最高,吉林最低。同一区域、不同时间居民保险意识调查问卷结果显示:通过对山东地区居民汽车保险产品种类的认知程度、汽车保险意识的变化、对当下汽车保险产品种类的满意程度、主动购买汽车商业保险的积极程度以及对汽车保险服务质量的重视程度等5个方面与5年前进行比较分析,居民的保险意识显著增强。

同时,收集中国保险年鉴、财产保险公司数据,利用单均保费、单均保额、出现频度等指标验证全国不同区域、同一时间居民保险意识的差异。以某保险公司三者险各责任限额的投保率、不同类型汽车三者险各责任限额的投保率两个指标,阐明同一区域、不同时间居民保险意识,结果显示:高责任限额三者险的投保率逐年上升,营运汽车较非营业汽车的选择更集中,100万元责任限额是营业汽车车主的主流选择,非营业汽车随车型变化差异较大。

(3)确定汽车保险事故车辆损失、人伤损失和财产损失的最优拟合分布,准确描述概率分布与损失额之间的关系。

分别构建对数正态分布、伽马分布、对数伽马分布、威布尔分布和佩尔托分布的汽车保险事故损失线性回归模型,并运用一种性能优良的最小二乘估计—相关系数检验方法进行拟合优劣检验。拟合结果显示：威布尔分布更适合描述汽车保险事故车辆损失、人伤损失和财产损失的最优模型；汽车保险事故车辆损失金额小于816元的事故数量占50%，损失金额小于4190元的事故数量占90%；人伤损失金额小于9300元的事故数量占50%，损失金额小于111867元的事故数量占90%；财产损失金额小于2960元的事故数量占50%，损失金额小于62541.9元的事故数量占90%，以上结果为保险费率厘定和保险理赔管理提供数据支持。

参考文献

[1] 陈佳宾,李玉春.安徽省大学生保险意识调查及问题探讨[J].现代商业,2016(33):188-191.

[2] 张暕,潘怡婷.大学生商业保险投保意愿分析及保险意识提升对策[J].广西质量监督导报,2021(02):31-32.

[3] 中国汽车技术研究中心有限公司,中国银行保险信息技术管理有限公司.中国汽车与保险大数据发展报告(2021)[M].北京:社会科学文献出版社,2021.

[4] 周莎丽.中国汽车保险市场研究[D].武汉:武汉理工大学,2007.

[5] 王懋.机动车辆三者责任险投保决策影响因素及其实证分析[D].成都:西南财经大学,2013.

[6] 王国成.我国机动车辆保险承保周期测算与影响因素研究[D].青岛:中国海洋大学,2015.

[7] 刘璐,张博江.我国机动车辆保险市场发展的需求拉动因素研究[J].保险研究,2012(8):83-88.

[8] 武红先.我国汽车保险市场需求的影响因素分析:基于车险市场面板数据的实证检验[J].苏州大学学报(哲学社会科学版),2012,32(2):128-133.

[9] 任平.我国车险需求及其影响因素的实证分析[D].长沙:湖南大学,2012.

[10] 何雪华.我国机动车辆保险需求模型的实证分析[J].保险职业学院学报,2011,25(6):25-29.

[11] 王海峰.机动车辆保险消费者投保行为实证研究[D].济南:山东大学,2006.

[12] 郑婷婷.影响财产保险需求因素的实证分析[D].南京:南京农业大学,2008.

[13] 周莎丽,田涛.汽车保险市场需求的影响因素实证分析——以湖北省为例[J].中国商论,2016(01):1-5.

[14] 李琳.基于风险管控视角的机动车辆保险承保精细化管理研究[D].成都:西南财经大学,2012.

[15] 沈彦.我国机动车辆保险市场化改革问题分析[D].济南:山东大学,2007.

[16] 李葆春,马琦.灰色GM(1:1)模型在定西县粮食产量预测中的应用[J].甘肃农业大学学报,2005,40(5):660-663.

[17] 包广清,周家武,马明,等.计及多能源分频互补的新能源并网调度优化[J].现代电力,2020,37(2):145-151.

[18] 鲁宝春,赵深,田盈,等.优化系数的NGM(1,1,k)模型在中长期电量预测中的应用[J].电力系统保护与控制,2015,43(12):98-103.

[19] 刘宗明,贾志绚,李兴莉.基于灰色马尔科夫链的交通量预测[J].华东交通大学学报,2012,29(1):30-34.

[20] 陈钊,徐阿猛.基于灰色马尔科夫模型的钻孔瓦斯流量预测[J].中国安全科学学报,

2012,22(3):79.

[21] 臧文亚,周仲礼,龚灏,等.基于灰色马尔科夫模型的重庆市水运货运量的预测[J].水运工程,2012(01):30-33.

[22] 贺肖,陈伯辉,沈斐敏.基于灰色马尔科夫链的道路交通死亡率预测[J].福建工程学院学报,2013,11(06):592-595.

[23] 杨锦伟,孙宝磊.基于灰色马尔科夫模型的平顶山市空气污染物浓度预测[J].数学的实践与认识,2014,44(02):64-70.

[24] 李育贤,左培文.基于季节调整模型的中国汽车市场短期滚动预测方法研究[J].汽车工业研究,2013(03):42-46.

[25] 范维,张磊,石刚.季节调整方法综述及比较[J].统计研究,2006(02):70-73.

[26] 何雪华.我国机动车辆保险需求模型的实证分析[J].保险职业学院学报,2011,25(6):25-29.

[27] 韩冬梅,高铁梅.基于结构时间序列模型的季节调整方法研究[J].数量经济技术经济研究,2000,17(3):41-44.

[28] 吕鹏伟,赵长利,李方媛.汽车事故损失统计分析[J].汽车与配件,2016(29):52-55.

[29] 赵长利,韩广德,李方媛.机动车第三者责任保险投保状况研究[J].合作经济与科技,2015(6):57-59.

[30] 吕鹏伟,赵长利,李方媛.基于灰色马尔可夫模型的送修金额精准度预测研究[J].内燃机与配件,2017(14):97-99.

[31] 吕鹏伟,赵长利,李方媛.基于残差修正GM(1,1)模型的汽车交通事故预测研究[J].内燃机与配件,2017(15):89-91.

[32] 赵长利,陈海泳,陈德阳.中国保险业保费收入灰色预测模型的研究[J].统计与决策,2007(13):33-34.

[33] 施玉民,陈雯,赵长利,等.运用灰色Verhulst模型对我国车险业保费收入的预测[J].统计与决策,2008(12):11-12.

[34] 韩广德,赵长利,姜晓燕.基于多因素影响的我国汽车保险需求分析[J].山东交通学院学报,2016,24(4):18-25.

[35] 张春海.财产保险产品市场需求的理论及实证研究[D].青岛:中国海洋大学,2010.

[36] .数读天下[J].小康,2021(07):16.

[37] 赵长利,李景芝.汽车保险理赔[M].4版.北京:机械工业出版社,2020.

[38] 赵长利,李景芝.汽车保险与理赔[M].北京:机械工业出版社,2021.

[39] 赵长利,李景芝.汽车保险与理赔[M].3版.北京:国防工业出版社,2015.

[40] 赵长利.汽车保险与理赔[M].北京:国防工业出版社,2016.

[41] 李景芝,赵长利.汽车保险典型案例分析[M].北京:国防工业出版社,2009.

[42] 李景芝,赵长利.汽车保险与理赔实务[M].北京:高等教育出版社,2017.

[43] 李景芝,赵长利.机动车辆保险定损员培训教程[M].北京:首都经济贸易大学出版社,2007.

[44] 李景芝.汽车火灾理赔实务及案例解析[M].北京:机械工业出版社,2013.
[45] 李景芝,赵长利.汽车碰撞事故查勘与定损实务[M].北京:人民交通出版社,2009.
[46] 赵长利.汽车保险与理赔点点通[M].北京:国防工业出版社,2011.
[47] 易伟.教你索赔交强险[M].北京:机械工业出版社,2009.